Editorial

Este trimestre consta de dos unidades: la primera es el **Nacimiento de Jesús** y la segunda es **Samuel, David y Salomón**. El cumplimiento de la promesa del Mesías es la idea central de este trimestre. Comienza con la profecía de Isaías 9:2-7 y Miqueas 5:2 sobre el nacimiento y el reinado del Mesías, y el restablecimiento del reinado davídico. Las primeras tres lecciones de la primera unidad nos dirigen hasta el nacimiento de Jesús y todos los eventos que le rodearon.

Estas lecciones enfatizan cómo Dios revela su don, con gran gloria, a los humildes (pastores), extranjeros y gentiles (sabios de oriente). Ellos estuvieron dispuestos a dejarlo todo para ir en busca del niñito para adorarle. En estas lecciones también se reconoce la bondad, humildad y obediencia de José, María, Simeón y Ana. Todos ellos servidores fieles de Dios y dispuestos a hacer su voluntad sin importar lo difícil de la encomienda. Sobre todo en estas lecciones se concentran en el nacimiento humilde de Jesús y el cumplimiento de la promesa de Dios de enviar al Mesías.

En la segunda unidad nos relacionaremos con Samuel, fiel profeta de Dios, instrumento para la unción de David como nuevo rey. David se enfrenta a Goliat con gran valentía y su fe puesta en el Dios de Israel. También enfrenta a los jebuseos, unifica las tribus de Israel y establece como capital a Jerusalén. Ante todos sus logros siempre le da la gloria a Dios. En 2 Samuel 7:16, David es recipiente de una promesa divina. *Tu casa y tu reino... tu trono quedará establecido para siempre.* De aquí los profetas y muchos Salmos proyectan la esperanza mesiánica. En Salomón se comienza a cumplir la promesa y se hace realidad en Jesús.

En nuestros tiempos, muchas veces, tanto las personas adultas como la niñez vemos nuestra fe y nuestras esperanzas desechas por promesas no cumplidas. Promesas no cumplidas tanto por personas ajenas, tales como los políticos, personas religiosa etc.; al igual que por familiares y allegados tales como padre, madre, hermanos, hermanas, maestros y amistades. Es por esto que es urgente que recordemos y compartamos con la niñez que: Dios cumplió. Jesús es el Mesías. Éste es el mensaje. ¡Dios cumple sus promesas!

Para el director o la directora de la Escuela Bíblica:
- Antes de entregar el material a su personal de Escuela Bíblica, haga copias de todo el material a ser fotocopiado en los libros de los tres niveles. Pueden ser tres fotocopias por lección.
- Prepare un archivo de cada nivel con las fotocopias de cada lección para que se facilite el proceso de hacer con anticipación las fotocopias de cada clase.
- Puede preparar un taller para entregar Zona Bíblica® a sus maestros y maestras para que se puedan familiarizar con todos los elementos y explicar el proceso de fotocopiado del material que habrán de seguir.
- Si tiene grupos bilingües, también puede ordenar el libro de Bible Zone® a Cokesbury.

Para los maestros y las maestras:
- Familiarícese con todos los elementos de Zona Bíblica®: Guía del maestro, Accesorios de Zona®, Transparencias y el disco compacto.
- Los objetivos de la lección están integrados a la Historia bíblica (trasfondo bíblico). Casi siempre los puede encontrar en los últimos párrafos.
- Estudie la lección con anticipación y determine los materiales a usar. Asegúrese de tener todas las fotocopias y los materiales que se van a usar en la clase.
- Cada lección le provee varias actividades. Determine cuáles va a realizar, y considere el tiempo y el espacio disponible. Modifique la lección de acuerdo a las necesidades de sus estudiantes, pero asegúrese de cumplir con los objetivos de la clase.
- Involucre a papás y mamás en el proceso de aprendizaje bíblico de sus hijos e hijas. Envíe al hogar la Zona Casera® semanalmente.

Éstas son algunas sugerencias para el mejor uso de este material en Zona Bíblica®. Maestros y maestras, ¡que Dios les bendiga.

Carmen Saraí Pérez
Editora, Zona Bíblica®

Abingdon

Donde la Biblia se hace vida
En la ciudad de David

Primarios menores

También disponible de Abingdon Press:

Zona Bíblica® de *Abingdon*
Pre-escolar
Paquete de DIVERinspiración®

Zona Bíblica® de *Abingdon*
Primarios mayores
Paquete de DIVERinspiración®

Escritoras: Lisa Flinn y Barbara Younger
Editora: Carmen Saraí Pérez
Editor de desarrollo: Pedro López
Editor de producción: Pablo Garzón
Director de diseño y producción:
R.E. Osborne
Diseñador: Roy C. Wallace III
Fotógrafo: Sid Dorris
Ilustradora: Megan Jeffery
Traductora: Dania Mejía
Traductor de los cánticos: Julito Vargas

Abingdon

Primarios menores

Donde la Biblia se hace vida

EN LA CIUDAD DE DAVID

Abingdon Press
Nashville

Zona Bíblica® de Abingdon
Donde la Biblia se hace vida
EN LA CIUDAD DE DAVID
Primarios menores

Derechos reservados © 2008 Abingdon Press

Todos los derechos reservados.

Ninguna parte de este trabajo, CON EXCEPCIÓN DE LAS PÁGINAS Y PATRONES QUE ESTÉN CUBIERTOS POR EL AVISO POSTERIOR, puede ser reproducido o transmitido en ninguna forma o por ningún medio, electrónico o mecánico, incluyendo fotocopiado y grabación, o por ningún sistema de recuperación y almacenaje de datos, con excepción de lo estipulado por la Ley de Derechos de Autor de 1976 o con permiso, por escrito, del editor. Las peticiones para permisos deben someterse por escrito a: Abingdon Press, 201 Eighth Avenue South, Nashville, TN 37203, por fax al (615) 749-6128, o sometidas por correo electrónico a permissions@abingdonpress.com.

• AVISO •
SÓLO PATRONES / PÁGINAS que están marcadas como Reproducible pueden ser duplicados para uso en la iglesia local o la escuela de la iglesia. El siguiente aviso de derechos de autor es incluido en estas páginas y debe aparecer en la reproducción:

Permiso de fotocopiado otorgado para el uso de la iglesia local. © 2008 Abingdon Press.

Las citas de la Escritura
son de la Versión Popular Dios habla hoy
a menos que se especifique lo contrario.

ISBN 978-0-687-64784-2

Créditos de arte:
Arte por Megan Jeffery.

Los créditos de las canciones aparecen en la página 177

**El disco compacto no se provee en este material.
Visitar Cokesbury.com/español para ver la disponibilidad de estas canciones para descargar electrónicamente.**

08 09 10 11 12 13 14 15 16 17 — 10 9 8 7 6 5 4 3 2 1
HECHO EN LOS ESTADOS UNIDOS DE AMÉRICA

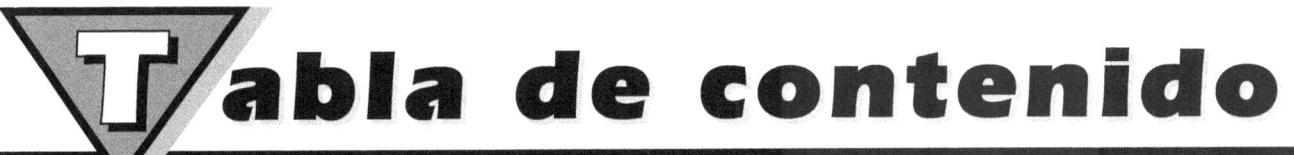
En la ciudad de David

Unidades bíblicas en la Zona	6
Acerca de Zona Bíblica®	7
Bienvenido a Zona Bíblica®	8
Primarios menores	9
La profecía	10
El sueño de José	22
La ciudad de David	34
Se cumple la profecía	46
Simeón y Ana	58
Los sabios de oriente siguen la estrella	70
Samuel unge a David	82
David el músico	94
David y Goliat	106
David y Jonatán	118
David el rey	130
David unifica el reino	142
Salomón el rey sabio	154
Zona de juegos	166
Zona de arte	168
Etiquetas para nombres	170
Ornamentos (Lecciones 1-6)	171
Collar de joyas (Zona de arte)	172
Ilustraciones de las historias (lección 13)	173
Ilustraciones de las historias (lección 13)	174
Comentarios de usuarios	175

Unidades bíblicas en la

Nacimiento de Jesús

Historia bíblica	Versículo bíblico
La profecía	Miqueas 5:2
El sueño de José	Mateo 1:23
La ciudad de David	Lucas 2:7
Se cumple la profecía	Lucas 2:11
Simeón y Ana	Lucas 2:32
Los sabios de oriente siguen la estrella	Mateo 2:2

Samuel, David, Salomón

Historia bíblica	Versículo bíblico
Samuel unge a David	1 Samuel 16:7
David el músico	Salmo 150:3
David y Goliat	Salmo 56:4
David y Jonatán	Proverbios 18:24
David el rey	Salmo 37:3
David unifica al reino	Salmo 33:1
Salomón el rey sabio	1 Reyes 2:3

Acerca de la  Bíblica

Accesorios de Zona®:

Los Accesorios de Zona® son juegos y material de apoyo para relatar las historias que se encontraran en el Paquete de DIVERinspiración® de Zona Bíblica®. Algunos Accesorios de Zona® son artículos de consumo y necesitarán ser remplazados. Estos se proporcionan para la conveniencia del maestro o maestra.

- disco compacto
- pizarra de director
- corona de terciopelo
- collares de bolas de disco
- pelotas con caritas sonrientes
- cencerros
- mini-panderos
- dado de hule espuma
- martillos inflables
- oso de colores
- oso con la Biblia

Materiales:

- Biblia para cada estudiante (incluye una versión actual en español)
- tocadiscos de disco compacto
- tablero para cartel, papel para manualidades, papel de construcción, papel de copiadora
- lápices, marcadores, crayones, bolígrafos, tiza, plumas para pintar
- tijeras, cuchillo, perforadora para papel
- cinta adhesiva, pegamento líquido, engrapadora y grapas
- sobres de Manila grande de papel amarillo, o sobres de negocios
- hilo de tejer [estambre], cinta o cuerda
- etiquetas engomadas, etiquetas engomadas en forma de estrella
- cobija para muñeca, u otra manta pequeña
- chispas de mantequilla, chispas de chocolate blanco, chispas de chocolate de leche, tallarines para chow mein, aerosol de aceite para cocinar, bastones de caramelo, queso para untar, perejil o cebollitas picadas, tomates miniatura, rama de canela, galletas saladas, cocoa, azúcar para repostería, vainilla, chispitas de dulce variadas, pan, aceite de oliva, helado o yogurt de vainilla, pasteles individuales, agua, diferente tipo de sodas o jugos, pretzels, miel
- tazón y cuchara para mezclar, bandeja para hornear, cuchillo, plato para servir, tazón grande, tazones pequeños, vasos de papel, cucharas, jarra para agua, platos de papel, cucharas de metal
- papel de aluminio, agarradera de papel para caramelo o nueces, papel encerado
- tarjetas de índice
- caja de zapatos con tapa
- linterna
- servilletas, pañuelos de papel desechables
- alcohol medicinal, bolitas de algodón
- piedras redondas pequeñas de jardín
- papel para envoltura
- sorbetes (pajillas, popotes) de plástico
- periódicos, revistas
- banda elástica
- canasta
- bolsas de papel para regalo o para almuerzo
- notitas auto-adhesivas
- tarjetas de Navidad
- tobjetos para cumpleaños
- prendedor navideño para la solapa y/o cinta verde o roja

Opcional: pegamento con brillo, árbol de navidad de tamaño regular, silla pequeña, cama para muñeca o caja pequeña, sellos o calcomanías de Navidad, fotografía de un bebé, grabación de "Del oriente somos", cintas de papel crepé, un libro mostrando las diferentes tradiciones de Navidad alrededor del mundo y/o los adornos navideños de otras naciones.

Bienvenido a la  Bíblica

Donde la Biblia se hace vida

Diviértase aprendiendo acerca de las historias bíblicas favoritas del Antiguo y Nuevo Testamentos. Cada lección en esta guía del maestro está llena de juegos y actividades que harán el aprendizaje DIVERinspirante para usted y sus estudiantes. Con sólo algunos materiales adicionales, todo lo que el maestro necesita está incluido en el Paquete de DIVERinspiración® de la Zona Bíblica® de *Abingdon*.

Cada lección contiene un recuadro llamado En la Zona®:

> **Dios quiere que compartamos nuestros dones y talentos con otras personas.**

que se repite una y otra vez a través de la lección. En la Zona® declara el mensaje bíblico en un lenguaje que sus estudiantes pueden conectar con sus vidas.

Use las siguientes recomendaciones para que su viaje por la Zona Bíblica® esté lleno de DIVERinspiración® y ¡que sea todo un éxito!
- Lea cuidadosamente cada lección. Lea los pasajes bíblicos.
- Memorice el versículo bíblico y el lema de En la Zona®.
- Escoja las actividades que se adapten a su grupo de estudiantes y al tiempo que tenga disponible.
- Lea la historia de la Zona Bíblica®.
- Reúna los Accesorios de Zona® que usará en la lección.
- Reúna los materiales que utilizará en la lección.
- Aprenda la música para la lección que se encuentra en el disco compacto de DIVERinspiración®.
- Acomode su salón de tal manera que haya lugar suficiente para que sus estudiantes se puedan mover y sentar en el piso.
- Fotocopie las páginas reproducibles para la lección.
- Fotocopie la página para sus estudiantes en Zona Casera®.
- Fotocopie cualquier página reproducible (páginas 166–174).

Primarios menores

Cada estudiante en su clase es un hijo único o una hija única de Dios. Cada estudiante tiene su propio nombre, historia, situación familiar y conjunto de experiencias. Es importante recordar y celebrar las diferencias particulares de cada estudiante. Sin embargo, estos hijos y estas hijas de Dios tienen algunas necesidades comunes.

- Todos los niños y las niñas necesitan amor.
- Todos los niños y las niñas necesitan un sentido de autoestima.
- Todos los niños y las niñas necesitan sentir la satisfacción de obtener logros.
- Todos los niños y las niñas necesitan tener un lugar seguro para ser ellos mismos y ellas mismas, de tal manera que puedan expresar sus sentimientos.
- Todos los niños y las niñas necesitan estar rodeados de personas adultas que les amen.
- Todos los niños y las niñas necesitan experimentar el amor de Dios.

Sus estudiantes de primarios menores (6–8 años de edad) también tienen algunas características en común.

Sus cuerpos
- Están creciendo a velocidades distintas.
- Tienen mucha energía, son inquietos, y tienen dificultad para estar sentados por mucho tiempo.
- Están desarrollando habilidades motoras finas.
- Quieren participar en lugar de observar o escuchar.

Sus mentes
- Están desarrollando habilidades académicas básicas.
- Están ansiosos de aprender cosas nuevas.
- Aprenden mejor mediante el trabajo creativo.
- Tienen muy poco sentido del tiempo.
- Son pensantes concretos, y no pueden interpretar símbolos.
- Están desarrollando la habilidad para razonar y discutir.
- Les gusta participar en la planificación de sus propias actividades.

Sus relaciones
- Quieren jugar con otros niños y otras niñas.
- Son sensibles a los sentimientos de otras personas.
- Están substituyendo la dependencia de sus padres por la de sus maestros.
- Disfrutan de actividades pero frecuentemente cuestionan las reglas.
- Imitan a las personas adultas en actitudes y acciones.

Sus corazones
- Están dispuestos y dispuestas a aprender acerca de Dios.
- Necesitan personas adultas que les cuiden y que sean modelos del comportamiento cristiano.
- Necesitan cantar, actuar y repetir versículos bíblicos.
- Necesitan escuchar historias bíblicas sencillas.
- Pueden hablar con Dios fácilmente si se les alienta a hacerlo.
- Comienzan a hacer preguntas acerca de Dios.
- Pueden compartir con otras personas.

La profecía

Entra a la

Versículo bíblico
Belén... pequeña entre los clanes de Judá, de ti saldrá un gobernante de Israel....

Miqueas 5:2

Historia bíblica
Isaías 9:2-7; Miqueas 5:2

En tiempos bíblicos, Belén era un pequeño pueblo que se encontraba cinco millas al sur de Jerusalén. Este pueblo jugó un papel importante en la historia de Rut, la bisabuela de David. David nació en Belén y en este mismo lugar se le ungió por rey sobre Israel. Al pasar el tiempo al pueblo de Belén se le conoció como "la Ciudad de David".

El profeta Miqueas profetizó que el Salvador que vendría a gobernar la nación nacería en Belén. María y José salieron hacia Belén y es allí donde nace Jesús. En la historia de la Navidad se cumple esta profecía del Antiguo Testamento.

En el segundo siglo d.C., Belén fue destruida por el emperador Adriano. El pueblo fue reconstruido más o menos por el año 325 d.C., cuando la reina Elena, la madre del emperador Constantino, construyó una iglesia en el lugar donde se pensaba que Jesús había nacido. Hoy día, los peregrinos que van a Tierra Santa, continúan visitando este lugar conocido como la Iglesia de la Natividad.

Utilice estas lecciones para ayudar a los niños y las niñas a entender que los eventos que relata la Biblia ocurrieron en tiempos y lugares específicos. Use la transparencia 1 –"¿Dónde está Belén"?– para crear un cartel para el salón de clases o para hacer mapas individuales. Muestre a su clase dónde se encuentra Belén en el mapa.

La Primera Unidad comienza con la profecía del Antiguo Testamento y llega hasta el nacimiento del Salvador prometido, Jesús el Cristo. Sus estudiantes de la Zona Bíblica estudiarán y celebrarán la navidad y su importancia a través de una variedad de actividades atractivas. En la segunda unidad sus estudiantes se remontarán a los tiempos del Antiguo Testamento para conocer a Samuel, David, Salomón y otros importantes personajes de la Biblia. Que su misión sea traer a la vida los personajes y eventos de la ciudad de David para los niños y niñas a quienes está enseñando. ¡Ese es el dinámico y feliz propósito de Zona Bíblica!

Dios prometió enviar un Salvador a su pueblo.

Vistazo a la

ZONA	TIEMPO	MATERIALES	ACCESORIOS DE ZONA®
Acércate a la ZONA®			
Conoce al oso navideño	5 minutos	página 170, broche festivo y/o cinta verde o roja (opcional: árbol de Navidad del tamaño del oso, silla pequeña)	oso de colores
Decora el árbol	10 minutos	ver página 12	ninguno
Zona Bíblica®			
Rompecabezas con los nombres de Jesús	10 minutos	Transparencia 2, papel de manualidades o para copiadora, sobre de manila grande o sobres para cartas, cinta adhesiva, tijeras, Biblia	ninguno
¿Qué es una promesa?	5 minutos	ninguno	corona de terciopelo
Los profetas hablan	5 minutos	Reproducible 1A, bolsas de papel para regalo o para almuerzo, crayones, tijeras, cinta adhesiva	ninguno
Recorta el contorno de la ciudad	5 minutos	Reproducible 1B, hilo de tejer, tijeras, cinta adhesiva	ninguno
Corona el versículo	5 minutos	Biblia	corona de terciopelo
Zona de Vida			
Canta y celebra	5 minutos	tocadiscos de discos compactos	disco compacto
¡Prepárate!	5 minutos	ninguno	oso de colores
Cuenta los días	5 minutos	papel de construcción, marcadores o etiquetas engomadas, notitas autoadheribles	ninguno
Campanas de Navidad	5 minutos	ninguno	cencerro

 Los Accesorios de Zona® se encuentran en el **Paquete de DIVERinspiración®**.

PRIMARIOS MENORES: LECCIÓN 1

Acércate a la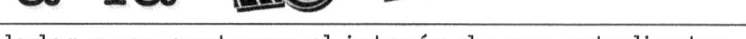

Escoja una o más actividades para capturar el interés de sus estudiantes.

Materiales:
un broche de navideño y/o una cinta roja o verde
opcional: un árbol de Navidad tamaño oso y una silla pequeña
página 170

Accesorios de Zona®:
oso de colores

Conoce al oso navideño

Decore al oso de colores con un broche navideño o una cinta roja o verde. Cada semana, sus estudiantes saludarán al oso, que será llamado el "oso navideño".

Diga: Saluden a nuestro nuevo amigo, el oso navideño. Estrechen su mano y díganle su nombre. (Cuando todos hayan llegado, pida que se sienten. Levante al oso navideño). ¿Por qué creen que su nombre es "oso navideño"? El oso navideño está usando un broche navideño (o cinta). El oso será nuestro invitado durante las próximas seis lecciones en las que vamos a estudiar y celebrar la Navidad. ¿Qué es la Navidad? (la celebración del nacimiento de Jesús).

Si sus estudiantes no se conocen, pida que se pongan la etiqueta con su nombre (pág. 170).

Materiales:
Transparencia 1 página 171
papel para cartel o de manualidades color verde
marcadores
crayones
tijeras
cinta adhesiva
cartulina blanca
proyector
opcional: pegamento con escarcha de brillo

Accesorios de Zona®:
ninguno

Decora el árbol

Antes de la clase, dibuje un árbol grande en un papel tamaño cartel o de papel de manualidades. Si quiere, puede recortar el árbol. Haga suficientes copias de las esferas navideñas blancas (página 171) para que cada estudiante pueda tener una. Recorte los círculos. Proyecte la **transparencia 1** y trácela en papel tamaño cartel, o haga suficientes copias individuales para cada estudiante. Reúna a sus estudiantes a su alrededor.

Pregunte: ¿Alguna vez han escuchado de un pequeño pueblo llamado Belén? ¿Por qué Belén es tan importante para nosotros? (*Es el lugar donde nación Jesús*). **¿En dónde se encuentra Belén?** (*en Israel, en la Tierra Santa*).

Ayude a sus estudiantes a localizar a Belén en el mapa "¿Dónde está Belén?" que usted preparó usando la transparencia 1. Si el tiempo se lo permite, más adelante en la clase pueden colorear el cartel o sus mapas individuales.

Diga: Díganme el nombre del pueblo donde vivimos. (*Escriba los nombres en una hoja grande de papel o en la pizarra*). **Dios prometió enviar a un Salvador. El Salvador es Jesús, que llegó al mundo como un pequeño bebé que nación en un pequeño pueblo. En la Navidad escuchamos historias de la Biblia y cantamos himnos y cantos donde se celebra a Belén. Ahora vamos a celebrar a nuestro propio pueblo decorando esferas de navideñas para colgar en nuestro árbol.**

Entregue a cada estudiante una esfera navideña en blanco, para que escriban con marcadores el nombre de su población en medio de la esfera. Pida que la decoren con crayones o pegamento con escarcha de brillo. En la parte de atrás de cada esfera coloque cinta adhesiva para pegarla al árbol.

Nota: Cada semana, sus estudiantes añadirán una esfera al árbol.

Escoja una o más actividades para sumergir a sus estudiantes en la historia bíblica.

Rompecabezas con los nombres de Jesús

Antes de la clase, proyecte la **transparencia 2** y trácela en una hoja grande de papel tamaño cartel; o haga copias individuales para cada estudiante. Recorte y separe las piezas del rompecabezas. Coloque las piezas grandes en un sobre de manila grande; coloque las piezas de los rompecabezas fotocopiadas en sobres pequeños individuales.

Nota: En cada lección de esta unidad, sus estudiantes conocerán uno o más de los nombres con los cuales se identifica a Jesús. Cada nombre está escrito en una pieza separada. El rompecabezas será ensamblado durante las siguientes seis lecciones.

Lea Isaías 9:6 a sus estudiantes.

Pregunte: ¿Quién creen que es este niño? (*Jesús*). ¿Pueden adivinar por qué se le dan todos estos otros nombres? (*porque esos nombres lo describen*).

Diga: Dios prometió enviar a un Salvador para el pueblo. El profeta Isaías habló de la llegada de ese Salvador. Para ayudar a que la gente entendiera cómo sería ese Salvador, Isaías lo describió como "Admirable consejero, Dios fuerte, Padre eterno, Príncipe de paz".

Saque las cuatro piezas del rompecabezas que tienen estos nombres para que sus estudiantes las coloquen en orden. Pida que las peguen con cinta adhesiva.

Materiales:
Transparencia 2
proyector
papel para cartel, o para manualidades o para fotocopias
sobre de manila grande, o sobres individuales pequeños
cinta adhesiva
tijeras
Biblia

Accesorios de Zona®:
ninguno

¿Qué es una promesa?

Póngase la **corona de terciopelo**.

Diga: ¡Soy la reina (el rey) **de la clase! prometo que cuando la clase termine, nos subiremos a un avión y nos iremos a unas maravillosas vacaciones.**

Pregunte: ¿Creen que voy a cumplir esa promesa? (*no*). Hice una promesa tonta que no puedo cumplir. Ahora es el turno de ustedes.

Deje que cada estudiante tome su turno y se ponga la corona y diga "Soy la reina/el rey de la clase" y haga una promesa tonta.

Diga: Nosotros hacemos promesas tontas. Pero Dios hizo una promesa que no era nada tonta. Dios prometió enviar a un Salvador para el pueblo. Dios hizo una promesa ¡y la cumplió!

Materiales:
ninguno

Accesorios de Zona®:
corona de terciopelo

Historia de la 

Los profetas hablan

Por Lisa Flinn y Barbara Younger

Antes de narrar la historia, haga copias del **Reproducible 1A** (Isaías y Miqueas. Hay dos grupos por página). Dé a sus estudiantes crayones y tijeras para colorear y recortar las figuras. Pida a sus estudiantes que formen una base en forma de anillo para cada figura uniendo las puntas de las tiras con cinta adhesiva. Sus estudiantes usarán las figuras en la historia de hoy. Cada semana se ensamblarán figuras adicionales de la historia de Navidad, y se formarán escenas de Navidad para cada estudiante. Para guardar las figuras de cada semana, use bolsas de papel pequeñas, identificadas con los nombres de cada estudiante.

Pida a sus estudiantes que traigan las figuras de los profetas con ellos al círculo de la historia. Identifique cada figura para el grupo.

Comience pidiendo a sus estudiantes que alcen sus figuras de Isaías mientras usted lee:
¿Pueden decir quién es este hombre viejo?
¡Aquí estoy para traer un mensaje directo!
¿Hablo de un niño cuyo corazón es de oro?
¿Acaso el hijo de Dios viene como un pequeño niño?
Escuchen mis chiquitines antes que mis palabras se enfríen
¿Acaso este niño habrá de guiarnos tal como les digo?

Pregunte: ¿Quién es este profeta?
(*Isaías*)
Ahora pida que sus estudiantes alcen la figura de Miqueas mientras usted lee:
Soy menos famoso que el otro profeta,
Pero mis palabras son verdaderas, no miento.
Hablo de un lugar por el que la gente pasa,
Tan silencioso que se oye a un bebé llorar.
Este pueblo es tan pequeño que pueden preguntar,
Cómo será posible que un gran líder pueda dar.

Pregunte: ¿Quién es este profeta?
(*Miqueas*)
Ahora invite a sus estudiantes a alzar la figura de Isaías mientras usted lee:
Soy profeta del gran Señor y Dios
Me llamo Isaías y a la gente le digo
Sobre todo lo que ha de venir.
Escuchen lo que tengo que decir:

Un niño nos es nacido
Un hijo nos es dado
Y sobre sus hombros está el principado.
Sus nombres serán: Admirable consejero,
Dios fuerte, Padre eterno, Príncipe de paz.
Su reinado nunca verá el fin,
Y la paz que trae durará por siempre.
Él gobernará el reino de David
Y lo hará cada día más fuerte.
Siempre reinará con honestidad y justicia,
Y el Señor todopoderoso lo confirmará.

Pida a sus estudiantes que repitan cada frase después de usted:
Su nombre será Admirable consejero
(*repitan*)
y Dios fuerte,
(*repitan*)
Padre eterno,
(*repitan*)
y Príncipe de paz.
(*repitan*)

Ahora invite a sus estudiantes a levantar la figura de Miqueas mientras usted lee esta parte de la historia.
Soy un profeta de Dios.
Mi nombre es Miqueas y yo sé
Dónde nacerá este niño.
Así que escuchen con atención:
Belén... pequeña entre los clanes de Judá.
De ti saldrá un gobernante de Israel, alguien que desciende de una antigua familia,
Y Dios dejará a Israel sólo hasta que haya nacido este rey.

Pida a sus estudiantes que repitan cada frase después de usted:
Belén
(*repitan*)
pequeña entre los clanes
(*repitan*)
de Judá
(*repitan*)
de ti saldrá
(*repitan*)
un gobernante de Israel
(*repitan*)

Pida a sus estudiantes que levanten las dos figuras. Y lea:
Isaías: Escuchen la profecía de Isaías: "Un niño nos es nacido. Un hijo nos es dado".
Miqueas: Escuchen las palabras del profeta Miqueas: Belén... Dios escogerá a uno de entre ustedes".

Concluya el tiempo de la historia pidiendo a sus estudiantes que hagan decir a sus figuras de Isaías: "Un niño nos es nacido", y luego a Miqueas decir: "En Belén".
Pida a sus estudiantes que coloquen a sus figuras en la bolsa y las guarden para la próxima semana.
Diga: Por medio de los profetas, Dios prometió enviar un Salvador para la gente.

Escoja una o más actividades para sumergir a sus estudiantes en la historia bíblica.

Materiales:
Reproducible 1B
hilo de tejer (estambre)
tijeras
cinta adhesiva

Accesorios de Zona®:
ninguno

Recorta el contorno de la ciudad

Antes de la clase, haga fotocopias de "Recorta el contorno de la ciudad" (**Reproducible 1B**).

Entregue a cada estudiante una copia del Reproducible 1B. Invíteles a que recorten los dos contornos de la ciudad. Permita que se tomen el tiempo necesario para trabajar con las tijeras.

Pídales que hagan un anillo con las franjas del contorno de la ciudad uniendo las orillas y pegándolas con cinta adhesiva. Corte dos tiras de hilo de tejer de 12 pulgadas para cada estudiante (es decir, una para cada contorno de la ciudad). Para formar un colgante, pida que peguen una punta del hilo con cinta adhesiva dentro del anillo del contorno, y que luego peguen la otra punta en el extremo opuesto del anillo del contorno. Repitan esta operación con el otro contorno.

Lean juntos la frase inscrita en el contorno de la ciudad: "Belén... pequeño pueblo de Judá".

Diga: Dios prometió enviar a un Salvador para el pueblo. Nuestro Salvador nación en Belén.

Materiales:
Biblia

Accesorios de Zona®:
corona de terciopelo

Corona ese versículo

Lea el versículo "Belén... pequeña entre los clanes de Judá, de ti saldrá un gobernante de Israel" (Miqueas 5:2). Pida a sus estudiantes lo repitan con usted.

Diga: El profeta Miqueas le dijo a la gente que el Salvador vendría del pequeño pueblo de Belén.

Pida a sus estudiantes que se pongan de pie formando un círculo. Levante la **corona de terciopelo**. Repita esta parte del versículo: "De ti saldrá un gobernante de Israel". Pida a sus estudiantes que repitan estas palabras con usted varias veces.

Coloque la corona sobre la cabeza de uno de sus estudiantes. Ese estudiante dirá: "De", y colocará la corona sobre la cabeza del siguiente estudiante, que dirá "ti". Y así sucesivamente hasta que se haya completado el versículo.

Después de completar el versículo una vez, y si el tiempo lo permite, repita esta actividad una o dos veces más. Pida a sus estudiantes que repitan nuevamente el versículo todos juntos.

ZONA BÍBLICA®

 de Vida

Escoja una o más actividades para que la Biblia cobre significado en la vida diaria.

Canta y celebra

Enseñe a sus estudiantes el cántico "Gente en tinieblas" (**disco compacto, pista 4**).

Mientras toca el cántico, pida a sus estudiantes que escuchen las palabras de Adviento y frases tales como "Ven, ven, ven, Cristo Jesús", o "en estos días de expectación", y "Días para el Adviento..." Explique que este cántico expresa el anhelo y anticipación que el pueblo del Antiguo Testamento sentía mientras esperaban la llegada del Salvador.

Ponga el cántico otra vez, y pida a sus estudiantes que levanten alto la mano en el aire cada vez que canten una de las palabras o frases de Adviento.

Gente en tinieblas

Gente en tinieblas buscando la luz.
Ven, ven, ven, oh Jesús.
Gente en ceguera añorando la luz.
Ven, Cristo Jesús
en estos días de expectación
días de Adviento y amor.

Gente enferma anhelando salud.
Ven, ven, ven, oh Jesús.
Gente en pobreza, en necesidad.
Ven, Cristo Jesús
en estos días de expectación
días de Adviento y fe.

Gente deseando la liberación.
Ven, ven, ven, oh Jesús.
Y en argumentos quieren solución.
Ven, Cristo Jesús
en estos días de expectación
días de Adviento y paz.

LETRA: Dosia Carlson; trad. por Julito Vargas
MÚSICA: Dosia Carlson
© 1983, trad. © 2008 Dosia Carlson. Usada con permiso

Materiales:
tocadiscos de discos compactos

Accesorios de Zona®:
disco compacto

 de Vida

Escoja una o más actividades para que la Biblia cobre significado en la vida diaria.

Materiales:
ninguno

Accesorios de Zona®:
oso de colores

¡Prepárate!

Levante el oso navideño, el **oso de colores**.

Diga: ¡El oso navideño ama la Navidad! Le gusta todo: los cantos, las galletas, las decoraciones. Se divierte mucho preparándose para la Navidad, y creo que ustedes también. Cuando les llegue su turno para sostener al oso navideño, tienen que decir una manera en que ustedes se preparan para la Navidad en su casa. (*Después de que a todos sus estudiantes les haya tocado su turno con el oso navideño, de las gracias al oso y dígale que espera que sea parte de las siguientes lecciones sobre la Navidad*). **Los profetas prometieron al pueblo que Dios enviaría un Salvador. El pueblo esperó la llegada de ese Salvador. En Navidad nosotros celebramos el nacimiento de ese Salvador que es Jesús.**

Materiales:
notas auto-adheribles
papel para manualidades
marcadores o calcomanías

Accesorios de Zona®:
ninguno

Cuenta los días

Diga: El Adviento es la temporada cuando nos preparamos para la Navidad y esperamos el nacimiento de Jesús. Hoy ustedes van a hacer calendarios de Adviento.

Sus estudiantes colocarán 24 pequeñas notas auto-adheribles sobre una hoja de papel para manualidades y crear un calendario de Adviento. Pueden decorar cada nota auto-adherible con una etiqueta engomada festiva, o utilizar los marcadores para dibujar símbolos festivos como estrellas o bastones de caramelo. (Si ya es Diciembre, cuente el número de días que quedan hasta Navidad y dé el mismo número de notas auto-adheribles a cada estudiante). Pida a sus estudiantes que acomoden las notas sobre el papel para manualidades.

Diga: Comenzarán el calendario el 1 de diciembre, y cada día quitarán una de las notas auto-adheribles. Cuando hayan desaparecido todas las notas, ¡será Navidad!

Materiales:
ninguno

Accesorios de Zona®:
cencerro

Campanas de Navidad

Haga sonar el **cencerro**. Pida a sus estudiantes que formen un círculo.

Diga: Las campanas son parte de la Navidad. A veces cantamos una divertida canción llamada "Cascabel, cascabel" (Jingle Bells), **y se mencionan las campanas en los himnos de Navidad. Vamos a imaginarnos que este cencerro es un cascabel o una campana de Navidad que usaremos en nuestra oración final. Cuando les toque su turno para sonar la campana, digan: "Gracias Dios, por enviarnos al Salvador".**

Pase la campana para que cada estudiante tenga su turno. Termine la oración diciendo: "Amén".

Haga una copia de Zona Casera® para cada estudiante.

# Casera para padres

Versículo bíblico
Belén... pequeña entre los clanes de Judá, de ti saldrá un gobernante de Israel.
Miqueas 5:2

Historia bíblica
Isaías 9:2-7; Miqueas 5:2

En tiempos bíblicos, Belén era un pequeño pueblo que se encontraba a cinco millas al sur de Jerusalén. Belén jugó un papel importante en la historia de Rut, la bisabuela de David, y en la historia del mismo David. Con el tiempo, el pueblo llegó a ser conocido como "La ciudad de David".

Hoy, su hijo o hija aprendió sobre una profecía del Antiguo Testamento; que Dios enviaría a un Salvador, y que el Salvador nacería en Belén. Al comenzar el Adviento, ayude a su hijo o hija a entender la importancia de esperar cada año por el nacimiento del bebé que nació hace muchos años atrás en el pequeño pueblo de Belén.

Regalos cálidos

La próxima vez que lleve a sus hijos e hijas de compras, deje que se diviertan eligiendo varios pares de guantes no muy caros. Entregue los "regalos cálidos" a una escuela local o agencia de beneficencia. Explíqueles que sus regalos calentarán las manos de niños o niñas que tal vez no tengan ni un par de guantes.

Pastel movido de domingo

Hace mucho tiempo, el domingo justo antes de Adviento era llamado el "domingo movido", basado en la oración que se decía para ese día: "Mueve, te lo suplicamos, oh Dios, la voluntad de tu pueblo fiel". De alguna manera surgió una tradición de batir (mover) un pastel para la familia en ese día, donde cada miembro de la familia pedía un deseo mientras batía la masa.

Esta es una receta fácil para hacerla en la casa: un paquete de pudín instantáneo de vainilla o pistacho, dos tazas de leche, una lata de 16 onzas de duraznos picados o en rebanadas, una botella de cerezas marrasquino, y dos tazas y media de pastel o pastel de comida de ángel.

Haga el pudín de acuerdo a las instrucciones. Haga cubos del pastel o despedace el pastel de comida de ángel. Drene el agua de los duraznos y la cerezas. Coloque el pastel en un tazón grande para mezclarlos. Vierta las cerezas sobre el pastel, luego el pudín y finalmente los duraznos.

Ahora invite a todos en la familia para ayudar a batir (mover) el pastel mientras hacen un deseo. Cuando ya esté bien mezclado, ¡sírvalo y disfrútelo!

Dios prometió enviar un Salvador a su pueblo.

PRIMARIOS MENORES: LECCIÓN 1

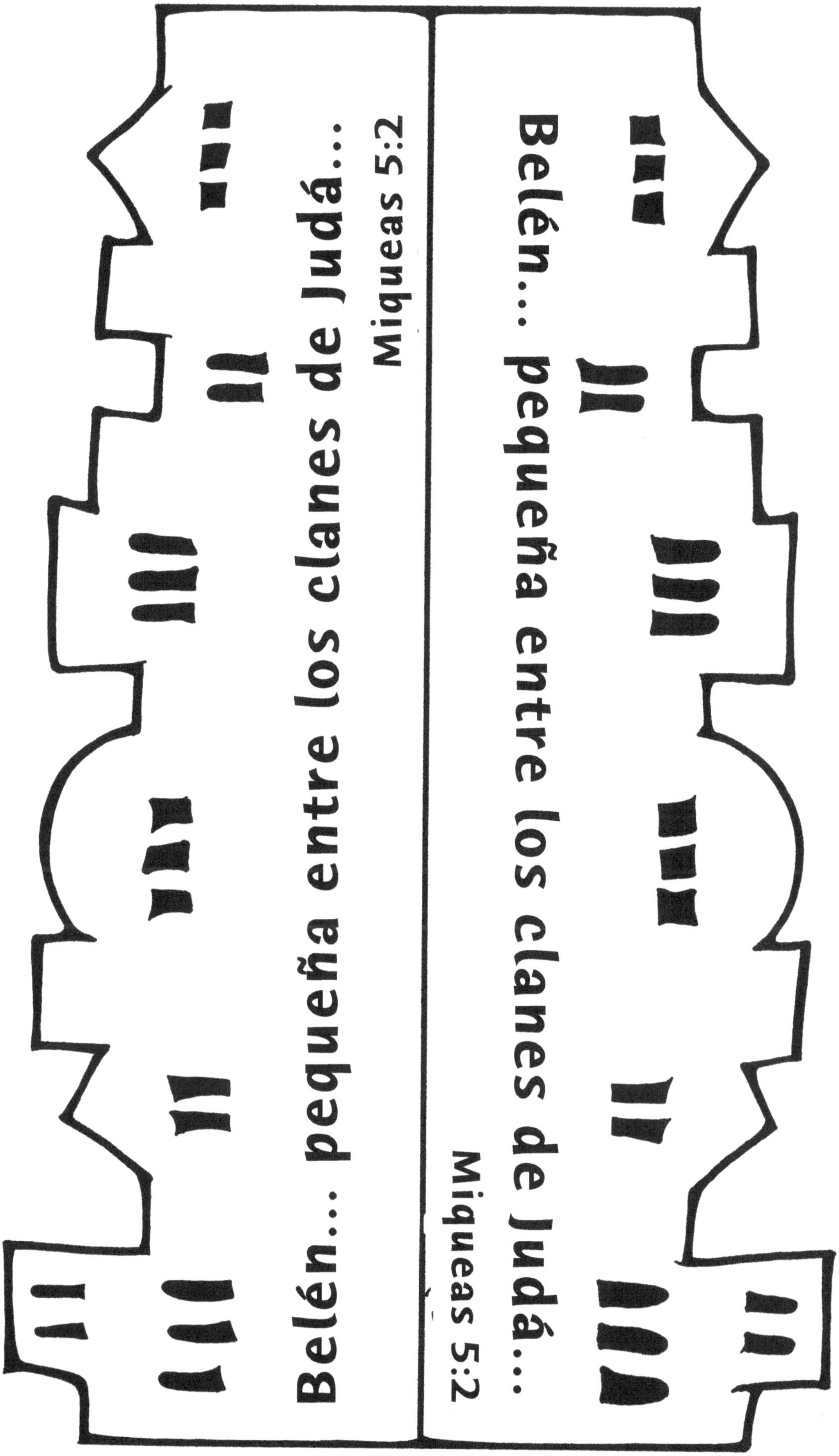

Belén... pequeña entre los clanes de Judá...
Miqueas 5:2

Belén... pequeña entre los clanes de Judá...
Miqueas 5:2

PRIMARIOS MENORES: LECCIÓN 1 **Reproducible 1B**
Permiso de fotocopiado otorgado para uso de la iglesia local. © 2008 Abingdon Press.

El sueño de José

Entra a la ZONA

Versículo bíblico
Y le pondrán por nombre Emanuel, que significa: "Dios con nosotros".

Mateo 1:23

Historia bíblica
Mateo 1:18-23

En la historia de hoy sus estudiantes conocerán a José. José era descendiente del Rey David, y estaba comprometido para casarse con María. En tiempos del Nuevo Testamento el compromiso para casarse implicaba una relación formal, y era todavía una relación mas seria que un compromiso hoy día. Cuando José supo que María estaba embarazada, ¡se desanimó mucho! Podría haber acusado a María de adulterio, conducta que se castigaba con la muerte. Sin embargo, José siempre hizo lo correcto. Así que decidió romper su compromiso calladamente. De ésta manera protegía a María, quien entonces podría ser enviada a vivir con algunos parientes en otro pueblo.

Pero José tuvo un sueño. En ese sueño un ángel le dijo que el hijo que María iba a tener había sido concebido por el Espíritu Santo. El ángel le dijo a José que se casara con María, y llamara al niñito, Jesús. El ángel dijo que de esta manera se cumpliría la profecía de que; "La virgen quedará encinta y tendrá un hijo, al que pondrá por nombre Emanuel," (que significa: "Dios con nosotros") (Mateo 1:23).

La Biblia nos dice poco sobre este hombre que permaneció junto a su prometida embarazada y se convirtió en el padre terrenal de Jesús. José era carpintero y seguramente enseñó a su hijo este oficio. Puesto que en los Evangelios, en los relatos del Jesús adulto, no se menciona a José; la mayoría de las personas estudiosas asumen que murió antes de que Jesús comenzara su ministerio.

Sus estudiantes, aunque pequeños, pueden entender que en nuestra sociedad no se alienta los embarazos fuera del matrimonio. Al relatar y discutir la historia, sea sensible con aquellos estudiantes que hayan nacido o están creciendo en situaciones que no son tradicionales.

José no solamente mostró que era un hombre bondadoso, sino también espiritual. Después de la visita del ángel, ya no dudó del plan de Dios de enviar a un Salvador y el papel que él –como esposo y padre– jugaría en ese plan. ¡Alegrémonos por José, un humilde carpintero con una gran carácter e integridad!

Los niños y las niñas que usted enseña también tienen un gran carácter. Disfrute al conocer a sus estudiantes, por medio de sus observaciones según va interactuando con ellos y ellas. Ayúdeles a entrar a una vida llena de integridad y fe.

Jesús es el Salvador prometido por Dios.

Vistazo a la

ZONA	TIEMPO	MATERIALES	ACCESORIOS DE ZONA®
Acércate a la ZONA®			
Tiempo de llegada	10 minutos	manta para muñeca u otra pieza de tela pequeña, página 170 (opcional: cama para muñeca o caja pequeña)	oso de colores
Poda el árbol	5 minutos	página 171, tijeras, marcadores, crayones, cinta adhesiva (opcional: pegamento con escarcha de brillo)	ninguno
Zona Bíblica®			
Nombre y título	5 minutos	cinta adhesiva, transparencia 2, tijeras	ninguno
Usa la corona de sueños	5 minutos	ninguno	corona de terciopelo
El ángel habla	5 minutos	Reproducible 2A, crayones, tijeras, cinta adhesiva	ninguno
Recorta un ángel	5 minutos	Reproducible 2B, hilo de tejer, tijeras, cinta adhesiva	ninguno
Fila de versículos	5 minutos	Biblia	ninguno
Envía saludos	5 minutos	tarjetas de Navidad, sobres, bolígrafos o lápices (opcional: sellos o etiquetas engomadas de Navidad)	ninguno
Zona de Vida			
Canta y celebra	5 minutos	tocadiscos de discos compactos	disco compacto
Si yo fuera carpintero	5 minutos	ninguno	martillo inflable
Campanas de oración	5 minutos	ninguno	cencerro

Los Accesorios de Zona® se encuentran en el **Paquete de DIVERinspiración®**.

Acércate a la

Escoja una o más actividades para capturar el interés de sus estudiantes.

Materiales:
página 170
manta para muñeca u otra pieza pequeña de tela,
opcional: cama para muñeca o caja pequeña

Accesorios de Zona®:
Oso de colores

Tiempo de llegada

Antes de la clase, tenga al **oso de colores** (el oso navideño), acostado como si fuera a dormir y arrópelo con la manta. Si tiene una, considere traer una cama para muñeca, o una caja pequeña que pueda servir como cama.

Conforme lleguen sus estudiantes, diga: el oso de navideño está en el país de los sueños. ¿Por favor se pueden asegurar de que está bien arropado? (*Cuando todos sus estudiantes hayan llegado, reúnales*).

Pregunte: **¿Qué creen que el oso navideño está soñando? En la historia bíblica de hoy, José es un hombre comprometido para casarse con una joven llamada María. Él se entera que María va a tener un bebé. Entonces José tiene un sueño donde el ángel del Señor le revela que el bebé que María va a tener se llamaría Jesús, el Salvador prometido por Dios.**

Si sus estudiantes no se conocen, pídales que se pongan las etiquetas con su nombre (pág. 170).

Materiales:
página 171
tijeras
marcadores
crayones
cinta adhesiva
opcional: pegamento con escarcha de brillo

Accesorios de Zona®:
ninguno

Poda de árbol

Decore el árbol de Navidad que comenzó en la primera lección con una ronda de esferas de Navidad. Prepare las esferas de papel fotocopiando la página de círculos que se encuentra en la página 171. Recorte un círculo de papel para cada estudiante.

Pida a sus estudiantes que digan su nombre completo al grupo, y que compartan algo sobre lo que saben sobre el significado de sus nombres o por qué los llamaron así. Por ejemplo, pudieron haber sido llamados así por algún familiar, o por una persona famosa o por un personaje de la literatura. Diga su nombre completo y cualquier historia que sepa sobre su nombre.

Diga: Dar nombre a los bebés es algo que los padres piensan y platican entre ellos muchos meses antes del nacimiento de la criatura. Con frecuencia, los papás y las mamás no saben si van a tener un niño o una niña, así que piensan nombres para ambos. Sin embargo, el papá y la mamá del Salvador, María y José, no pasaron tiempo decidiendo cuál sería el nombre de su bebé. Un ángel le apareció a José en un sueño, y le dijo que el bebé sería un niño y que lo deberían llamar Jesús. Vamos a celebrar nuestros nombres escribiéndolos en la esfera de Navidad para ponerlos en nuestro árbol.

Reparta las esferas de papel en blanco junto con los marcadores. Pida a sus estudiantes que escriban su nombre en medio de la esfera. Ahora reparta crayones y/o pegamento con escarcha de brillo para que decoren sus esferas. Use cinta adhesiva para pegar las esferas de Navidad en el árbol.

Escoja una o más actividades para sumergir a sus estudiantes en la historia bíblica.

Nombre y título

Continúe con el rompecabezas de los nombres de Jesús (**Transparencia 2**) añadiendo un nuevo nombre. Comience leyendo los nombres de las cuatro piezas ensambladas en la primera lección: "Consejero admirable", "Dios poderoso", "Padre eterno", "Príncipe de paz".

Diga: Tal vez puedan recordar que dijimos que estos nombres describen a Jesús. Vamos a pensar en algunos nombres que les puedan describir a ustedes ¿Cuántos de ustedes son estudiantes? ¿Cuántos practican deportes? ¿Cuántos tocan un instrumento musical? ¿Quiénes son hijos o hijas? ¿Cuántos tienen una hermana o hermano? ¿Cuántos son cristianos?

Ayude a sus estudiantes a conectar sus nombres. Por ejemplo: Laura, futbolista, coleccionista de estampillas, pianista, hija, hermana, y cristiana.

Diga: La historia bíblica de hoy nos muestra que la profecía de Isaías era cierta cuando dijo que Dios enviaría a un Salvador. Jesús es ese Salvador. Isaías dijo que el Salvador sería llamado "Emanuel", que significa "Dios con nosotros". Este es uno de los nombres que describe a Jesús.

Haga que sus estudiantes coloquen el nombre en el rompecabezas, y luego lo peguen con cinta adhesiva.

Materiales:
Transparencia 2
tijeras
cinta adhesiva

Accesorios de Zona®:
ninguno

Usa la corona de sueños

Muestre la **corona de terciopelo**.

Diga: Esta corona es una corona de sueños. Vamos a simular que cuando se la ponen, les ayuda a recordar uno de sus sueños. Cuando sea su turno para usar la corona de sueños, colóquenla en su cabeza y digan, brevemente, algún sueño que recuerden.

¡A los niños y niñas les gusta contar sus sueños! Tal vez necesite apurarles un poco cuando lo cuenten. Cuando todos hayan tenido su turno, coloque la corona sobre su cabeza y diga alguno de sus sueños.

Diga: Es muy divertido recordar nuestros sueños y pensar sobre lo que pueden significar. En la historia bíblica de hoy, Dios le habla a José en un sueño. José tiene que tomar una decisión difícil, y su sueño cambia su manera de pensar.

Materiales:
ninguno

Accesorios de Zona®:
corona de terciopelo

Jesús es el Salvador prometido por Dios.

PRIMARIOS MENORES: LECCIÓN 2

Historia de la 

El ángel habla

Por Lisa Flinn y Barbara Younger

Antes de la clase, haga copias del **Reproducible 2A** (José y el ángel) para cada estudiante. (Aparecen dos juegos en cada página).

Entregue a sus estudiantes crayones y tijeras para colorear y recortar las figuras. Pida a sus estudiantes que formen una base en forma de anillo para cada figura uniendo las puntas de las tiras con cinta adhesiva.

Pida a sus estudiantes que traigan las figuras de José y el ángel al círculo de la historia. Identifique cada figura para el grupo.

Comience pidiendo a sus estudiantes que levanten su figura de José mientras usted lee:

¿Pueden adivinar quién esperaba casarse
con una dulce muchacha llamada María?
¡Pero qué contrariedad, hay un problema!
¡Me siento tan mal porque un bebé viene en camino!
¿Debo seguir con mis planes y casarme?
Debo decidir y no tardar ni retrasarme.

Pregunte: ¿Quién es este hombre?
(*José*)

Ahora pida a sus estudiantes que levanten la figura del ángel mientras usted lee:

¿Quién dice "no temas"? Un ángel de Dios.
¡Te asombrarías si realmente me vieras!
En una misión de Dios me lanzo
y en un sueño a José me aparezco.
Para decir las palabras que hagan
en verdad a José sentir muy dentro:
"¡Dios con María está todo el tiempo!"

Pregunte: ¿Quién está hablando?
(*un ángel*)

Pida a sus estudiantes que levanten la figura de José mientras usted lee:

¿Cómo fue que salieron tan mal las cosas? Soy un carpintero que trabaja fuerte. Tengo un buen negocio haciendo mesas y bancas, carros y ruedas, escaleras y arcones. Soy honesto y confiable.

Soy parte de la familia del rey David. Puedo trazar mi árbol genealógico hasta este famoso hombre. A una familia tan honorable del pueblo de Belén no se le debería ofender.

Estoy listo para casarme con una maravillosa y joven mujer. Ella también es de una buena familia, y pensé que tenía buen carácter. Pero me sorprendió diciéndome que se le apareció un ángel y le dijo que iba a tener un bebé. ¡Un ángel! ¿Ustedes lo pueden creer? ¡Yo no! Sin embargo, le creo cuando me dice que un bebé está por llegar. Ella está muy preocupada porque ni siquiera estamos casados, y yo no soy el padre. ¿Qué debo pensar sobre María, mi futura esposa? ¿Qué puedo hacer por la mujer que amo? Oh, estoy tan cansado de pensar que mejor me voy a dormir.

Pida a sus estudiantes que levanten al ángel mientras usted lee:

Qué bien. José se ha dormido. Al igual que María, José necesita escuchar de mí, un ángel del Señor, lo que le voy a decir. Me le voy a aparecer en su sueño.

José está muy preocupado por la noticia que le dio María, pero es un buen hombre. Dios lo escogió para ser el esposo de María y el padre terrenal del niño Jesús. Cuando lo visite en su sueño, va a creer que María en verdad vio a un ángel. En el sueño le voy a explicar todo para que pueda entender lo que va a hacer. José es un hombre fiel y obedecerá lo que dice Dios.

(*En una voz como de sueño*) José, el bebé que María va a tener es del Espíritu Santo. Así que cásate con ella. Cuando nazca el bebé, ponle por nombre Jesús porque él salvará al pueblo de sus pecados. La promesa de Dios se cumplirá porque la virgen tendrá un hijo que será llamado Emanuel, que significa "Dios con nosotros".

Pida a sus estudiantes que levanten las dos figuras mientras usted lee:

José: ¡Vi un ángel! ¡Vi un ángel! Me casaré con María, y el nombre del bebé será Jesús. Ahora le creo a María. Ahora entiendo lo que Dios quiere que yo haga.

Ángel: Jesús será nuestro Emanuel, "Dios con nosotros".

Pida a sus estudiantes que hagan decir a José, "el nombre del bebé será Jesús", y que el ángel diga, "Dios con nosotros". Termine de esta manera el tiempo de la historia.

Diga: Un ángel de Dios apareció a José y le ayudó a entender qué debía hacer. Jesús es el Salvador prometido por Dios.

Añada las figuras de José y el ángel a las bolsas etiquetadas desde la semana pasada.

Escoja una o más actividades para sumergir a sus estudiantes en la historia bíblica.

Materiales:
Reproducible 2B
hilo de tejer
tijeras
pegamento

Accesorios de Zona®:
ninguno

Recorta un ángel

Antes de la clase, haga fotocopias del **Reproducible 2B** (el patrón de adorno) para cada estudiante. Corte pedazos de hilo de tejer de 12 pulgadas de largo una para cada estudiante.

Pida que cada estudiante recorte cuidadosamente las figuras de ángel. Que unten el cuerpo de uno de los ángeles con pegamento, pero no en las alas. Para hacer el colgante, pídales que doblen el hilo de tejer a la mitad, y que coloquen las puntas sobre el pecho del ángel que tiene pegamento, y formen un anillo por encima de la cabeza del ángel. Coloque al otro ángel sobre el ángel untado con pegamento y presionen firmemente para unirlos. Extienda las alas del ángel.

Diga: Un ángel le dijo a José que le pusiera por nombre Jesús al bebé. Jesús es el Salvador prometido por Dios.

Materiales:
Biblia

Accesorios de Zona®:
ninguno

Fila de versículos

Busque Mateo 1:23. Después lea el versículo que dice: "Y le pondrán por nombre Emanuel, que significa: "Dios con nosotros" (Mateo 1:23). Pida a sus estudiantes que repitan el versículo varias veces junto a usted.

Diga: A través de las palabras de los profetas del Antiguo Testamento, Dios prometió enviar a un Salvador. Cuando Dios envió a Jesús a la tierra para estar con su pueblo, también estaba enviando una parte de sí mismo. Cuando Jesús está con nosotros, Dios está con nosotros.

Pida a sus estudiantes que formen una línea. Explique que el primer niño o niña en la fila se volverá al segundo en la fila y preguntará: "¿Qué significa Emanuel?". Entonces el segundo niño o niña responderá: "Significa 'Dios está con nosotros'". Después el segundo niño o niña se volverá al tercero en la fila y preguntará: "¿Qué significa Emanuel?". Y el segundo niño o niña responderá: "Significa 'Dios está con nosotros'". Deberán continuar así hasta que todos hayan preguntado y respondido. Jueguen varias veces, pero cada vez acelerando más las preguntas y las respuestas.

Materiales:
tarjetas de Navidad
sobres
bolígrafos o lápices
opcional: sellos o etiquetas engomadas de Navidad

Accesorios de Zona®:
ninguno

Envía saludos

Antes de la clase, compre tarjetas de Navidad con temas religiosos.

Diga: El ángel dijo que Jesús era el nombre por el cual María debería llamar a su bebé. Ahora ustedes van a escribir sus nombres en las tarjetas que celebran el nacimiento de Jesús.

Invite a sus estudiantes a que escriban sus nombres en cada tarjeta. Pídales que metan las tarjetas en los sobres y los cierren. Si tienen etiquetas engomadas, podrán pegarlas en la parte de atrás. Explique que las tarjetas serán enviadas a los miembros de su congregación que necesitan que les alegren su Navidad. Después de la clase, escriba los nombres y las direcciones de las personas a quienes se les enviarán y póngalas en el correo.

 de Vida

Escoja una o más actividades para hacer que la Biblia cobre significado en la vida diaria.

Canta y celebra

Enseñe a sus estudiantes el cántico: "La virgen María tuvo un niño" (**disco compacto, pista 6**). Aliente a sus estudiantes a pensar en algunos otros cantos jugando a "Dime el canto". Toque el comienzo de un canto de Navidad y deje que sus estudiantes tomen turnos para adivinar cuál cántico es. Si no tiene un disco compacto de Navidad, pueden tararear el canto.

La virgen María tuvo un niño

Nacióle un niño a María hoy.
Nacióle un niño a María hoy.
Nacióle un niño a María hoy.
Y le puso por nombre Jesús.

Él viene en gloria.
Del glorioso reino viene.
¡Oh, sí, cristianos!
¡Oh, sí, cristianas!
Él viene en gloria.
Del glorioso reino viene.

Cantaron ángeles: "¡Gloria a Dios!"
Cantaron ángeles: "¡Gloria a Dios!"
Cantaron ángeles un "¡Gloria a Dios!"
Y llamaron su nombre Jesús.

Pastores fueron a adorar al Rey.
Pastores fueron a adorar al Rey.
Pastores fueron a adorar al Rey.
Y llamaron su nombre Jesús.

LETRA: Villancico de las Indias Occidentales; trad. por Julito Vargas
MÚSICA: Villancico de las Indias Occidentales
© 1945; trad. © 2008 Boosey & Co. Ltd., admin. por Boosey and Hawkes, Inc.

Materiales:
tocadiscos de discos compactos
disco compacto de Navidad

Accesorios de Zona®:
disco compacto

 de Vida

Escoja una o más actividades para hacer que la Biblia cobre significado en la vida diaria.

Materiales:
ninguno

Accesorios de Zona®:
martillo inflable

Si yo fuera carpintero

Antes de la clase, infle el **martillo inflable**, o pida a un estudiantes que lo infle.

Pida a sus estudiantes se sienten formando un círculo, entonces levante el martillo.

Pregunte: ¿Qué hacemos con los martillos? José, el padre de Jesús, era carpintero. No sabemos mucho sobre su trabajo, pero nos podemos imaginar que pudo haber usado un martillo para hacer muebles, herramientas para los campesinos como las yuntas y arados, y otros utensilios de madera.

Invite a sus estudiantes a que compartan sus experiencias con los martillos y la madera.

Diga: José se quedó con María y esperó con ella a que naciera su hijo. Tal vez hizo algunas cosas para el bebé con su martillo. Vamos a imaginarnos que todos ustedes son carpinteros. Piensen en algo que ustedes hubieran hecho para el niñito Jesús.

Pase el martillo a cada estudiante. Pida que cada niño o niña diga: "Soy un carpintero, y yo usaría mi martillo para hacer (mencione el objeto). Mientras hablan que simulen que están martillando. El próximo niño o niña debe hacer lo mismo, diciendo lo que haría y mencionando lo que el primer estudiante dijo. Continúen alrededor del círculo, y si es necesario deje que los niños se ayuden entre sí para recordar los objetos que han dicho.

Diga: Dios prometió enviar a un Salvador. Dios escogió a un carpintero llamado José para ser el padre terrenal del Salvador, Jesús.

Materiales:
ninguno

Accesorios de Zona®:
cencerro

Campanas de oración

Nuevamente pida a sus estudiantes que formen un círculo. Haga sonar el cencerro mientras dice: " 'J' es por José, y 'J' es por Jesús, y 'J' es por júbilo". Invite a cada estudiante a tomar su turno para sonar el cencerro mientras todos dicen juntos: " 'J' es por José, y 'J' es por Jesús, y 'J' es por júbilo. Pídales que usen su dedo índice y el pulgar para formar la letra 'J'.

Ore: Amado Dios, estamos contentos porque cumpliste tu promesa de enviar a un Salvador. Te damos gracias por José, que cuidó a María y a Jesús. Te damos gracias por el niñito, llamado Jesús. Te damos gracias por el júbilo que sentimos en el tiempo de Navidad. Amén.

Haga una copia de Zona Casera® para cada estudiante en su clase.

Zona Bíblica®

Casera para padres

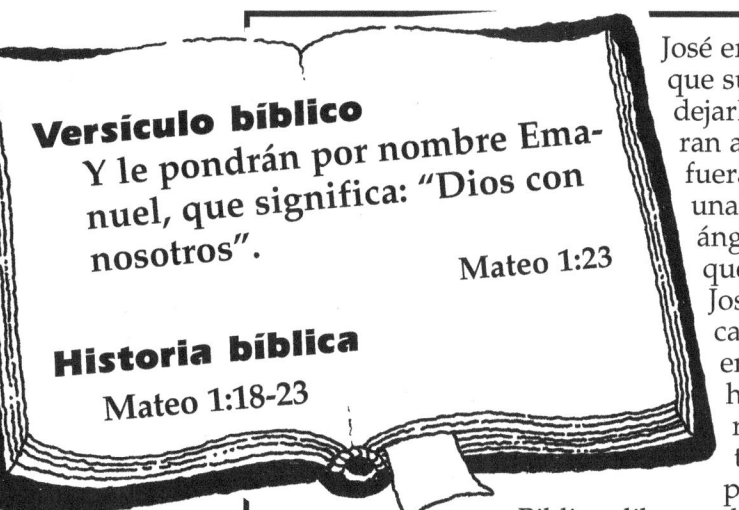

Versículo bíblico
Y le pondrán por nombre Emanuel, que significa: "Dios con nosotros". Mateo 1:23

Historia bíblica
Mateo 1:18-23

José era un hombre bondadoso. Cuando supo que su prometida estaba embarazada, decidió dejarla calladamente, para que no la sometieran al castigo correspondiente a un embarazo fuera de matrimonio. José era un hombre con una gran fe en los planes de Dios. Cuando el ángel lo visitó en un sueño, se dio cuenta de que María iba a ser la madre del Salvador. José decidió a continuar con sus plan de casarse con María. Los padres cristianos se enfrentan con el desafío de ayudar a sus hijos e hijas a entender que Jesús es la razón de la estación de Navidad. Mientras lucha con las demandas de este tiempo tan ocupado, saque tiempo para leer la Biblia y libros sobre la Navidad con la familia, poner música de himnos o cantos de Navidad, admirar las tarjetas que reciban, y orar. Ayude a sus hijos e hijas –y a ustedes mismos– a asegurarse de que estos ocupados días también son días felices.

A cantar villancicos

Ustedes no tienen que dejar su casa para sorprender a alguien y llevarle una serenata de villancicos de Navidad. Haga que sus hijos o hijas elijan dos o tres villancicos o cantos de Navidad que la familia pueda cantar. Ensayen y después reúnanse alrededor del teléfono. Llamen a alguien que puede disfrutar de este momento musical y digan: "somos los (*digan su apellido*), y venimos a cantar unos villancicos", y comiencen con la serenata. Esta es una sorpresa especialmente muy bienvenida para quienes están enfermos o no pueden salir de su casa.

"J" es para palitos de pan de Jesús

Use masa de pan para palitos para formar el nombre de "Jesús". Compre masa enlatada o congelada, o use la siguiente receta: 1 taza de agua, 1 paquete de levadura seca, 1 cucharada de azúcar, 1½ cucharadas de sal, 2 cucharadas de aceite de oliva, y 2¾ tazas de harina para pan.

Ponga el agua caliente (110 grados) en un tazón para mezclar. Agregue y mezcle el azúcar y la levadura. Añada la sal y el aceite al tazón, después mezcle ½ taza de harina a la vez, hasta que haya mezclado dos tazas. Añada más harina hasta que la masa esté lo suficientemente fuerte para que se pueda separar del tazón sin dificultad.

Unte otro tazón con aceite para cocinar en roceador, coloque dentro la masa y luego también unte la parte superior de la masa. Deje reposar la masa en un lugar cálido durante 30 minutos.

Para hacer las letras de masa para palitos, haga bolitas de masa del tamaño de una pelota de golf, amáselos para hacer palitos, y luego forme las letras. Colóquelos en un molde engrasado. Hornéelos durante ocho o diez minutos en un horno pre-calentado a 400 grados. Permita que las letras se enfríen un poco antes de servirlas. ¡Este es un sabroso aperitivo!

Jesús es el Salvador prometido por Dios.

Permiso de fotocopiado otorgado para el uso de la iglesia local. © 2008 Abingdon Press.

JOSÉ

JOSÉ

ÁNGEL

ÁNGEL

Reproducible 2A

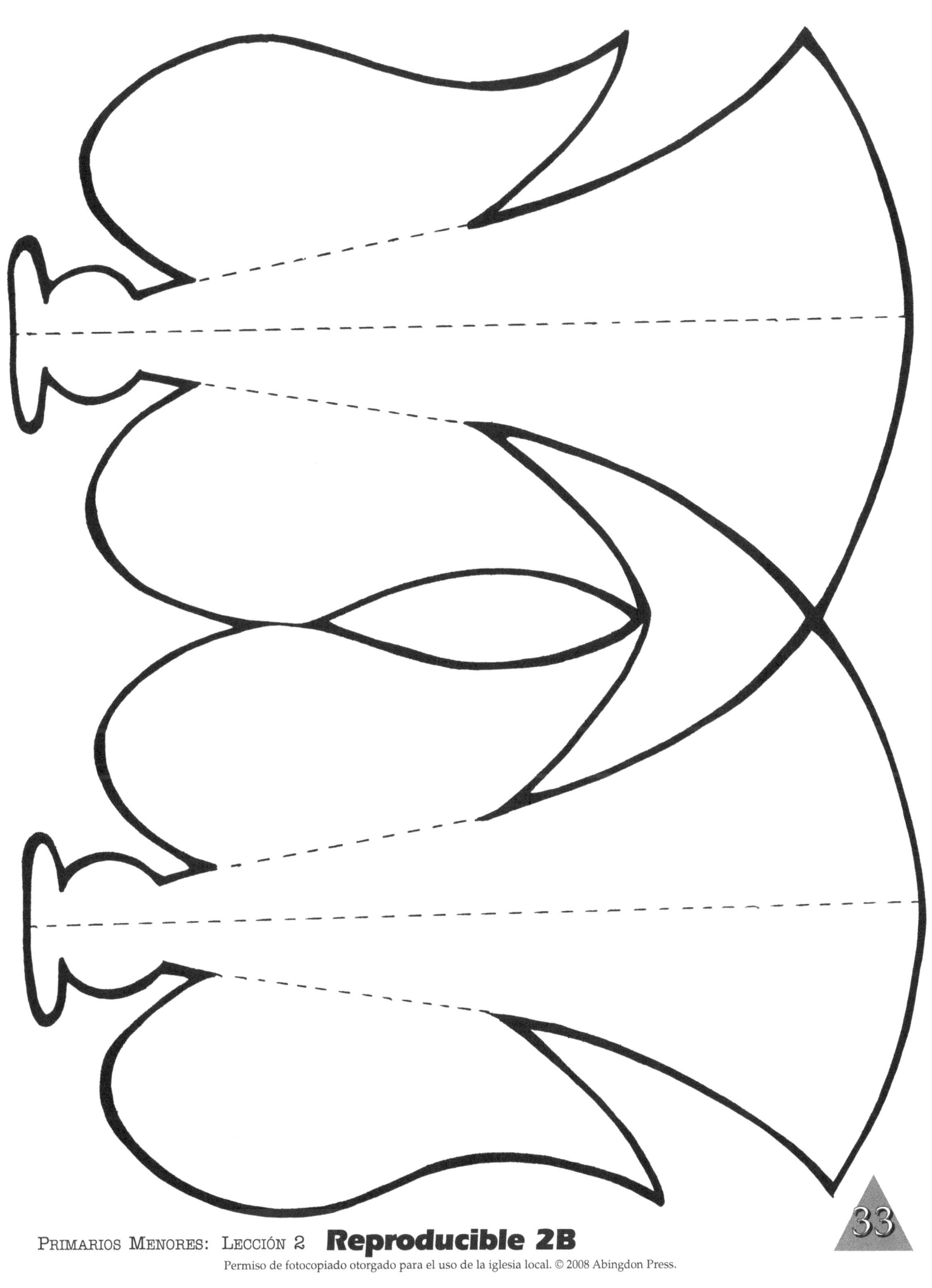

La ciudad de David

Entra a la ZONA

Versículo bíblico

Y lo envolvió en pañales, y lo acostó en el establo, porque no había alojamiento para ellos en el mesón.

Lucas 2:7

Historia bíblica

Lucas 2:1-7

Tal como el profeta Miqueas había profetizado, Jesús nació en Belén, la ciudad de David. Esto ocurrió así por causa del censo decretado por el emperador Augusto. Se le ordenó a toda la gente que regresaran a sus pueblos de origen para inscribirse. Probablemente este censo tenía como propósito el identificar a los dueños de propiedades para poderles cobrar impuestos sobre ellas. María y José, que vivían en Nazaret, viajaron más o menos noventa millas para llegar hasta Belén, el hogar de los antepasados de José.

Esta jornada no debe haber sido fácil para una mujer embarazada. Cuando María y José llegaron a Belén, el pueblo estaba tan lleno de viajeros que no pudieron encontrar un lugar en ningún mesón. Así que María dio a luz a su primogénito en un establo. Envolvió a su hijo en pañales de tela, la tradición en su tiempo. Acostaron al niñito Jesús sobre la paja en un pesebre, que era el lugar donde se daba de comer a los animales. Los pesebres con frecuencia estaban hechos de piedra. Muchas cuevas se usaban como establos, y la tradición dice que el establo donde estaban María, José y Jesús, era de ese tipo. Así que algunos pesebres se tallaban en las paredes de las cuevas.

¡A los pequeñines les encantan los bebés! Les gusta escuchar de cuando eran bebés, y les gustar mirar y jugar con bebés. Se entretienen con las cosas de bebés: carriolas, sillas para bebé, andadores, cunas y juguetes. Ayúdeles a entender que Jesús no nació en un hospital como ellos, sino en un establo. Que Jesús no durmió en una camita construida especialmente para un bebé, sino que lo hizo en un lugar donde se les daba de comer a los animales. El humilde nacimiento de Jesús, ya presagiaba el ministerio y sacrifico de nuestro Salvador.

Use esta oportunidad, al hablar del nacimiento de Jesús, para ayudar a que sus estudiantes a que entiendan que en muchos lugares del mundo, los bebés nacen en mucha pobreza. Tal vez su iglesia esté respaldando a una misión o organización que ayuda a niños y niñas que viven en condiciones de pobreza extrema en naciones pobres como también en nuestra nación. Tal vez el año entrante, su clase puede planificar un proyecto para ayudar a la niñez que vive en gran necesidad.

Jesús, el hijo de Dios, nació en un establo.

Vistazo a la

ZONA	TIEMPO	MATERIALES	ACCESORIOS DE ZONA
Acércate a la ZONA			
Tiempo de llegada	5 minutos	página 170, objetos para cumpleaños.	oso de colores
Añade una esfera de Navidad	5 minutos	página 171, tijeras, marcadores, crayones, cinta adhesiva (opcional: pegamento con escarcha de brillo)	ninguno
Zona Bíblica			
Rompecabezas de los nombres de Jesús	5 minutos	cinta adhesiva, Transparencia 2, tijeras	ninguno
Adivina cuál es el animal	5 minutos	ninguno	ninguno
El bebé habla	5 minutos	Reproducible 3A, crayones, tijeras, cinta adhesiva	ninguno
Recorta un corazón	5 minutos	Reproducible 3B, hilo de tejer, tijeras, cinta adhesiva	ninguno
Toc, toc	5 minutos	Biblia	ninguno
¡No en un castillo!	5 minutos	ninguno	ninguno
Zona de Vida			
Cantar y celebrar	5 minutos	tocadiscos de discos compactos	disco compacto
Pacas de paja	5 minutos	chispas de mantequilla (butterscotch chips), chispas de chocolate blanco, tallarines de chow mein, tazón y cuchara para mezclar, rociador de aceite para cocinar, servilletas, papel de aluminio o molde para hornear	ninguno
Oración para bebés	5 minutos	opcional: su fotografía de cuando era bebé	ninguno

Los Accesorios de Zona se encuentran en el **Paquete de DIVERinspiración**.

PRIMARIOS MENORES: LECCIÓN 3

Acércate a la

Escoja una o más actividades para capturar la atención de sus estudiantes.

Materiales:
página 170
objetos para cumpleaños

Accesorios de Zona®:
oso de colores

Tiempo de llegada

Siente al **oso de colores** (oso navideño) rodeado de objetos para cumpleaños como maracas o adornitos.

Conforme sus estudiantes vayan llegando diga: Hoy es el cumpleaños del oso navideño. Por favor díganle "feliz cumpleaños" al oso.

Cuando todos hayan llegado, dirija a sus estudiantes para que canten "Feliz cumpleaños a ti" al oso navideño.

Diga: Los cumpleaños son tiempo de mucha alegría. En la Navidad nosotros celebramos el cumpleaños de Jesús, que nació en un establo en Belén.

Si sus estudiantes no se conocen entre sí, pídales que se pongan sus respectivas etiquetas con su nombre (pág. 170).

Materiales:
página 171
tijeras
marcadores
crayones
cinta adhesiva
opcional: pegamento con escarcha de brillo

Accesorios de Zona®:
Oso de colores

Añade una esfera de Navidad

Continúen decorando el árbol de Navidad que comenzaron en la primera lección con otra ronda de esferas de Navidad. Prepare las esferas fotocopiando la página de círculos que se encuentran en la página 171. Recorte un círculo de papel para cada estudiante. Reúna a sus estudiantes a su alrededor para comenzar la actividad.

Pregunte: ¿En qué día celebramos el nacimiento de Jesús? (*El día de Navidad*). **¿Siempre celebramos la Navidad el mismo día?** (*sí*). **¿Qué día es esa fecha?** (*25 de diciembre*). **¿Su cumpleaños siempre es en la misma fecha cada año?** (*sí*). **¿Alguno de ustedes sabe la hora en que nacieron?**

Diga: Si vieran su certificado de nacimiento, allí encontrarían un registro de la fecha y la hora exacta en que ustedes nacieron. También verán los nombre de la ciudad, el estado, el país y algunas veces el lugar como el del hospital donde ustedes nacieron. Nosotros no sabemos la hora o minuto y ni siquiera el día exacto cuando Jesús nació, pero lo que sí sabemos es que nació en un establo en la ciudad de David, que también se conoce como Belén.

Reparta las esferas de Navidad en papel blanco y los marcadores. Pida que cada estudiante escriban su nombre completo y su fecha de nacimiento en las esferas. Después, que las decoren con los crayones y/o el pegamento con escarcha de brillo. Use la cinta adhesiva para sujetar las esferas de Navidad al árbol.

ZONA BÍBLICA®

Escoja una o más actividades para sumergir a sus estudiantes en la historia bíblica.

Rompecabezas de los nombres de Jesús

Materiales:
Transparencia 2
tijeras
cinta adhesiva

Accesorios de Zona®:
ninguno

Comience leyendo los nombres de las cinco piezas ensambladas anteriormente en el rompecabezas (**Transparencia 2**).

Pregunte: ¿Cuál es el nombre de su mamá? ¿Cuál es el nombre de los padres de su mamá? ¿Cuál es el nombre de su papá? ¿Cuál es el nombre de los padres de su papá?

Diga: Ustedes son descendientes de su padres, de sus abuelos, y de los padres y abuelos de ellos. En la historia de hoy ustedes van a escuchar que José era descendiente del rey David. José tuvo que ir hasta Belén, la ciudad del rey David, porque el emperador Augusto estaba contando a la gente que había en su reino, y José tenía que añadir los nombres de los miembros de su familia a la lista de su pueblo de origen. A través de José, Jesús también era descendiente del rey David.

Saque la pieza que dice: "Descendiente de David". Pida que sus estudiantes coloquen el nombre en el rompecabezas; y sujeten la pieza con cinta adhesiva.

Adivina cuál es el animal

Materiales:
ninguno

Accesorios de Zona®:
ninguno

Diga: El escenario para la historia bíblica de hoy es un establo.

Pregunte: ¿Qué es un establo? (*granero; un edificio para guardar los caballos, las vacas, y otros animales*). Si pasaran la noche en un establo, tal vez podrían escuchar los sonidos que hacen los animales de la granja. Vamos a tomar turnos para hacer ruidos de animales y que los demás adivinen qué animal hace ese ruido.

Pida a sus estudiantes que hagan sonidos como de caballos, vacas, burros, chivos, ovejitas, cerdos, patos, gansos y cualquier otro animal de granja en el que puedan pensar.

> **Jesús, el hijo de Dios, nació en un establo.**

PRIMARIOS MENORES: LECCIÓN 3

Historia de la  Bíblica

El bebé habla

Por Lisa Flinn y Barbara Youner

Antes de la clase, haga copias del **Reproducible 3A** (María, el pesebre, Jesús en pañales) para cada estudiante. (Hay dos juegos por página).

Entregue a sus estudiantes crayones y tijeras para colorear y recortar las figuras. Pídales que hagan una base en forma de anillo para cada figura uniendo las puntas de las tiras con cinta adhesiva.

Nota: no hay lengüetas en la figura de Jesús en pañales. Use un trozo pequeño de cinta adhesiva para fijar la figura de Jesús en el pesebre. La figura de Jesús necesita ser desprendible para usarla en la quinta lección.

Pida a sus estudiantes que traigan sus figuras de María, el bebé Jesús y el pesebre al círculo de la historia. Identifique cada figura para sus estudiantes. Entrégueles sus figuras de José que usaron en la clase pasada y que guardaron en sus bolsas respectivas.

Pida a sus estudiantes que levanten la figura de María mientras usted lee:

Esto puede sonar como una fábula,
Pero les puedo decir que es una historia verdadera.
Necesitaba un cama y lugar en la mesa,
Y lo que encontré fue lugar en el establo.
Me quedé con las palomas bajo el techo
Para solita con mi esposo, tener a mi bebé.

Pregunte: ¿Quién es esta mujer?

Ahora, pida a sus estudiantes que levanten sus figuras del niñito Jesús en el pesebre mientras usted lee:

Yo soy el que nació el día de Navidad,
el que durmió sobre la dorada paja,
en el establo donde nos permitieron quedar,
con vacas, ovejas y chivos que decían:
"muuuuu", "beeeee" y "baaaaa.
Es cierto que para jugar no había mucho espacio,
pero aun así, mis padres estaban felices de que hubiese nacido.

Pida a sus estudiantes que bajen su figura del niñito Jesús y levanten las figuras de María y José, mientras usted lee:

María: José ¿Cuánto falta para llegar a Belén? Creo que el bebé va a nacer pronto y no sé cuánto más puedo viajar.

José: María, sé paciente solamente un poco más. Belén está detrás de esa colina. Siento mucho que el emperador nos haya ordenado viajar hasta mi pueblo para inscribirnos. El viaje ha sido difícil para ti.

María: Sí, José. Hemos hecho un viaje muy largo desde Nazaret hasta Belén. Belén es un pueblo muy pequeño. Espero que podamos encontrar un lugar para quedarnos. ¡Sé que el bebé va a nacer hoy!

José: María, es cierto que Belén es un pueblo pequeño, pero recuerda que es el pueblo de la descendencia del rey David.

María: ¡José! ¡Ya puedo ver a Belén! Mira toda la gente que hay caminando por las calles.

José: En verdad que hay mucha gente. Me hace sentir muy orgulloso de ser descendiente de David. Dile al bebé que aguante un poquito más. Necesitamos encontrar un lugar donde nos podamos quedar.

María: Estamos en las manos de Dios. Y sé que Dios nos ayudará.

José: Así es María. Un ángel te visitó y a mi se me apareció en mis sueños, así que no debemos preocuparnos.

María: Pregunta al mesonero si hay lugar para nosotros en el mesón.

José: Dice que ya no tiene cabida.

María: Inténtalo en ese otro que está allá.

José: Dice que tampoco tiene cabida para nosotros.

María: Pregunta por ese otro lado.

José: María, el hombre dice que todos los mesones y todos los cuartos del pueblo están llenos.

María: ¿No hay espacio en ningún mesón?

José: No. Pero dice que nos podemos quedar en su establo con los animales.

María: Entonces llévame al establo, ¡porque el bebé ya está por nacer!

José: Este establo es acogedor. Voy a hacerte una cómoda cama con olor a dulce paja. Y podremos usar el pesebre por cama para el bebé.

María: José, estoy sorprendida de que el bebé naciera tan rápido. Es un varoncito, tal como el ángel nos dijo.

José: ¡Oh María! ¡Es un hermoso y saludable niñito! Su nombre será Jesús, tal como el ángel dijo.

María: José, por favor pásame los pañales que trajimos de Nazaret. No es bueno que el bebé tenga frío. ¿No es Jesús el niñito más maravilloso que hayas visto?

José: Sí, María, sí lo es. Vas a ser una madre muy buena.

María: Y tú José, vas a ser un buen padre.

Ahora que sus estudiantes levanten el pesebre con el niñito Jesús y lo hagan decir: "Uuaa, uaa".

Diga: ¡Jesús, el hijo de Dios, nació en un establo!
Pida a sus estudiantes que guarden sus figuras en las bolsas etiquetadas.

Escoja una o más actividades para sumergir a sus estudiantes en la historia bíblica.

Materiales:
Reproducible 3B
hilo de tejer (estambre)
tijeras
cinta adhesiva
engrapadora

Accesorios de Zona®:
ninguno

Recorta un corazón

Haga fotocopias del **Reproducible 3B** antes de la clase. Entregue a sus estudiantes tijeras y una copia de los patrones del adorno. Pídales que recorten los corazones y los pongan unos sobre otro para que las orillas estén alineadas. Junte los corazones engrapándolos de manera vertical por el centro. Corte un pedazo de hilo de doce pulgadas de largo para cada estudiante. Pídales que formen los colgantes doblando el pedazo de hilo por el centro para hacer un lazo, luego que coloquen las puntas sobre las grapas, y halen el lazo de hilo para que pase sobre la parte superior del corazón. Pegue las puntas del hilo al corazón. Despliegue los lados del corazón doblando para arriba y para abajo.

Diga: Jesús, el hijo de Dios, nació en un establo. Cuando Jesús nació, los corazones de María y José se llenaron de amor por él.

Materiales:
Biblia

Accesorios de Zona®:
ninguno

Toc, toc

Repita el versículo bíblico: "Y lo envolvió en pañales, y lo acostó en el establo, porque no había alojamiento para ellos en el mesón" (Lucas 2:7). Pida a sus estudiantes que lo repitan.

Diga: En México este versículo es muy importante. Este versículo que originó la idea de las *Posadas*. **Las noches antes de Navidad, los niños y niñas en México van de casa en casa, tocan la puerta y dicen: "Mesonero, ¿podemos entrar?" El dueño de la casa dice: "No hay lugar, vayan a otro lado". En la última casa, se les dice a los niños y niñas que pueden entrar, y son recibidos con algunos regalitos y dulces.** (*Forme dos grupos. El grupo uno serán quienes toquen y digan "Mesonero ¿podemos entrar?" el grupo dos serán los mesoneros y dirán: "No hay lugar, vayan a otro lado". Que el grupo uno toque y el grupo dos no los reciba varias veces. Después, diga al grupo dos que cuando el grupo uno toque otra vez, le digan: "¡Bienvenidos! ¡Pasen! ¡Feliz Navidad!"*).

Materiales:
ninguno

Accesorios de Zona®:
corona de terciopelo

¡No en un castillo!

Diga: Mucha gente pensó que el Salvador vendría como un rey. No estaban esperando un niñito nacido en un establo con padres pobres.

Tome la **corona de terciopelo**. Pida a sus estudiantes que se distribuyan por el salón. Ponga la corona sobre la cabeza de algún estudiantes. Ese estudiante debe decir "Jesús no nació en un castillo" y todos deben responder: "Nació en un establo". El o la estudiante con la corona debe ponerla sobre la cabeza de alguien más. Continúe así hasta que todos hayan tenido su turno usando la corona y diciendo: "Jesús no nació en un castillo".

Zona de Vida

Escoja una o más actividades para hacer que la Biblia cobre significado en la vida diaria.

Cantar y celebrar

Enseñe a sus estudiantes el villancico "Presentes de los animales (**disco compacto, pista 7**). Dígales que este es uno de los villancicos más antiguos, y que es original del siglo doce. No sabemos quién lo escribió, pero debe haber sido alguien que amaba a los animales y disfrutó imaginando lo que los animales podían haber pensado durante el nacimiento del niñito Jesús en el establo. Antes de cantar nuevamente, pida a sus estudiantes que le digan cuál de los animales les gustaría haber sido y por qué.

Presentes de los animales

Jesús, hermano, muy fuerte era Él
En humilde pesebre y establo nació
Y los animales le vieron nacer
Jesús, hermano, muy fuerte era Él.

Dijo el burrito con el corazón:
"Yo cargué a María, la sierva del Señor;
A Belén la llevé para que diera a luz".
Dijo el burrito con el corazón.

En un mugido la vaca exclamó:
"Mi pesebre sirvió como cuna al Señor;
y las pajas le dieron descanso al Rey".
En un mugido la vaca exclamó.

Y la ovejita también ripostó:
"Fue mi lana la que dulcemente arropó;
le abrigaba en mañanas de frío invernal".
Y la ovejita también ripostó.

La palomita en lo alto observó:
"El niñito Jesús con mi canto durmió;
así lo arrullé hasta verlo dormir"
La palomita en lo alto observó.

Y así los animales vieron al Rey
En pesebre humilde creyeron en Él.
Le llevaron presentes a Emanuel.
Sus dones dieron a nuestro Rey.

LETRA: Villancico francés del siglo XII; trad. por Julito Vargas
MÚSICA: Melodía medieval francesa
Trad. © 2008 Abingdon Press, admin. por The Copyright Co., Nashville, TN 37212

Materiales:
tocadiscos de disco compacto

Accesorios de Zona®:
disco compacto

# de Vida

Escoja una o más actividades para que la Bíblica cobre significado en la vida diaria.

Materiales:
bolsa de chispas de mantequilla (butterscotch chips) de 6 onzas
bolsa de chispas de chocolate blanco de 6 onzas
bolsa o lata de tallarines chow mein de 9 onzas
tazón para mezclar
cuchara para mezclar
aceite para cocinar en roceador
bandeja o papel aluminio para hornear
servilletas

Accesorios de Zona®:
ninguno

Materiales:
opcional: una fotografía de usted cuando era bebé

Accesorios de Zona®:
ninguno

Pacas de paja

Sorprenda a sus estudiantes con paja comestible! Rocée con aceite la bandeja o el papel de aluminio. Derrita las chispas en el tazón para mezclar usando el horno de microondas en baja intensidad. Inmediatamente mezcle con los tallarines de chow mein. Cuando los tallarines estén cubiertos, eche sobre el papel de aluminio cucharadas llenas de la mezcla.

Deje reposar las pacas de paja hasta que estén firmes. Sirva las pacas de paja en servilletas.

Pregunte: ¿Pueden adivinar qué parece este refrigerio? (*paja*). **Estamos disfrutando un refrigerio que parece paja para que recordemos que Jesús nació en un establo y durmió sobre una cama de paja.**

Oración para bebés

Reúna a sus estudiantes

Diga: Hoy hablamos sobre el nacimiento de Jesús. Es divertido pensar en cuando nosotros éramos bebés. (*si tiene una, muestre su fotografía de cuando era bebé*). **No podemos recordar cuando éramos bebés, pero disfrutamos escuchando historias de cuando éramos pequeñines. Cada uno vamos a contar algo que sabemos de cuando nosotros éramos pequeños.**

Permita a sus estudiantes que digan algo de cuando eran bebés, como en dónde nacieron, cuál fue la primera palabra que dijeron, o el nombre de su juguete preferido o su manta.

Diga: Hoy día en nuestro mundo hay bebés que nacen en hogares muy pobres. No tienen casas adecuadas, ni atención médica, ni ropa, ni muchas de las cosas que los bebés necesitan para crecer saludables. Vamos a hacer una oración por todos los bebés en el mundo. Cada vez que me detenga durante la oración, van a repetir lo que yo haya dicho.

Ore: Amado Dios, ésta es nuestra oración (*Pause, repita*)
Por los bebés en todo el mundo (*Pause, repita*)
Que puedan dormir en camas tibias (*Pause, repita*)
Que tengan refugio en las tormentas (*Pause, repita*)
Que puedan tener los alimentos necesario (*Pause, repita*)
Que puedan ser amados (*Pause, repita*)
Que como personas cristianas hagamos lo posible por ayudar (*Pause, repita*)
A la niñez de todo el mundo. (Pause, repita)
Amén. (*Pause, repita*)

Haga una copia de Zona Casera® para cada estudiante de su clase.

 # Casera para padres

Versículo bíblico
Y lo envolvió en pañales, y lo acostó en un establo, porque no había alojamiento para ellos en el mesón.
Lucas 2:7

Historia bíblica
Lucas 2:1-7

Tal como el profeta Miqueas había profetizado, Jesús nació en Belén, la ciudad de David. Esto ocurrió de esta manera porque el emperador Augusto ordenó que se hiciera un censo de todo el mundo. Por lo tanto, la gente tenía que ir hasta sus pueblos de origen para inscribirse. Al parecer, el censo tenía como objetivo el identificar a los dueños de propiedades para poderles cobrar impuestos sobre ellas. María y José, que vivían en Nazaret, hicieron un viaje más o menos de noventa millas para llegar hasta Belén, el hogar de los antepasados de José.

Esta jornada no debe haber sido fácil para una mujer embarazada. Cuando María y José llegaron a Belén, el pueblo estaba tan lleno de viajeros por lo que no encontraron lugar en ningún mesón. Así que María dio a luz a su primogénito en un establo.

Esta semana disfrute al contar historias del nacimiento o adopción de su hijo o hija. Explique que de la misma manera en que contamos la historia de Navidad, una y otra vez, contar nuestras historias nos ayuda a darnos cuenta de que también somos parte del maravilloso plan de Dios en el nacimiento y la niñez.

Pacas de paja

¡Estos pequeños refrigerios dorados celebran la paja en el pesebre! Aquí hay una rápida y fácil receta: Una bolsa de chispas de mantequilla (butterscotch chips) de 6 onzas, una Bolsa de chispas de chocolate blanco de 6 onzas, y una Bolsa o lata de tallarines chow mein de 9 o 10 onzas.

Derrita las chispas en un tazón para mezclar usando el horno de microondas en baja intensidad. Inmediatamente mezcle los tallarines de chow mein. Cuando todo esté completamente mezclado, eche cucharadas llenas de la mezcla sobre una bandeja o papel de aluminio rociado de antemano con aceite para cocinar. Déjalas reposar hasta que estén completamente frías.

Un regalo de Navidad para el cuarto de cuna

Para celebrar el nacimiento de Jesús, permita que su hijo o hija seleccione un juguete nuevo para el cuarto de cuna de su iglesia. Vayan juntos a ver qué puede necesitar, y después vayan a la tienda para hacer la compra. Entreguen el regalo cuando los bebés estén en el cuarto de cuna, para que su hijo o hija pueda ver cómo se iluminan los rostros de los pequeñines.

 **Jesús, el hijo de Dios, nació en un establo.**

Pesebre

Pesebre

María

María

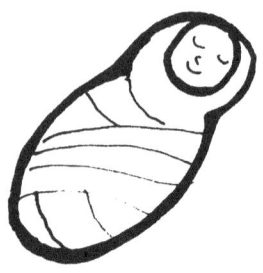

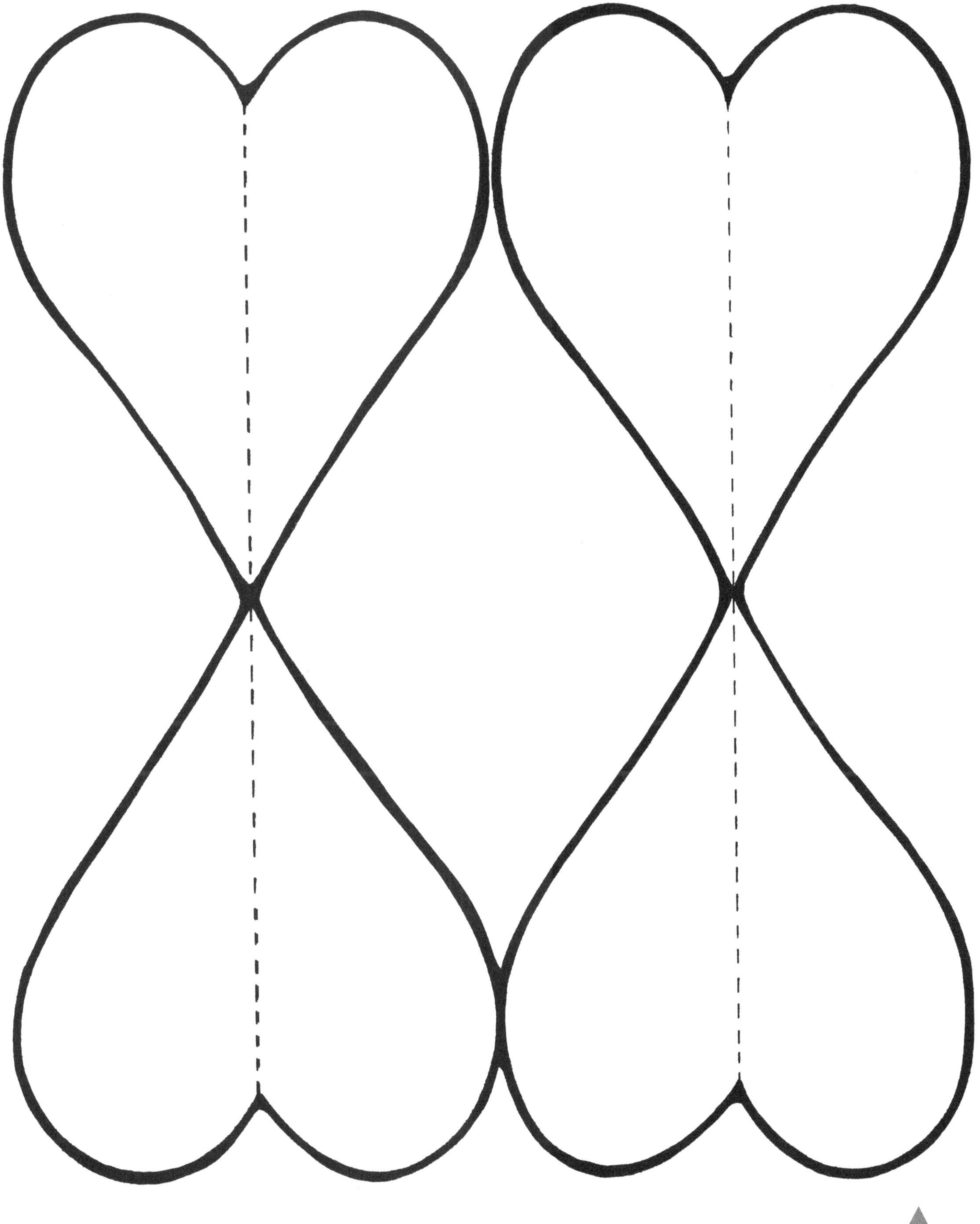

Primarios Menores: Lección 3 **Reproducible 3B**
Permiso de fotocopiado otorgado para el uso de la iglesia local. © 2008 Abingdon Press.

4

Se cumple la profecía

Entra a la

Versículo bíblico

Hoy les ha nacido en el pueblo de David un Salvador que es el Mesías, el Señor.

Lucas 2:11

Historia bíblica

Lucas 2:7-20

Las ovejas eran los animales domésticos más comunes en Tierra Santa. Hay referencias sobre las ovejas y sus pastores por toda la Biblia. David, de un humilde pastor de ovejas se convirtió en un gran rey.

La realidad de que el rey David, en un momento de su vida hubiese sido pastor no ayudó a cambiar la baja estima en que se tenía a los pastores. Aun así, Dios eligió llevar, primeramente, las buenas nuevas del cumplimiento de la promesa a los pastores que estaban en el campo atendiendo a sus ovejas.

En la lección de hoy, sus estudiantes encontrarán la palabra hebrea "Mesías". Cuando Dios le prometió a David que su trono permanecería en su familia, el título de Mesías se asoció con la descendencia real de David. El Mesías era el libertador esperado por el pueblo judío por largo tiempo. En la era cristiana, el término "Mesías" o "Cristo" (su equivalente griego), se convirtió en el nombre de Jesús, el ungido libertador de la gente de todas las naciones.

La lección de hoy celebra las buenas nuevas del nacimiento de Jesús. Mientras habla de la Navidad, tenga en cuenta que hay niños y niñas en su clase que no tienen buenas noticias en su vida diaria. Tal vez pueda tener algunos cuyos padres están en medio de una separación o divorcio; o alguien cuyo abuelo o abuela está en estado de gravedad en el hospital; o alguien que esté sufriendo una situación de abuso. La Navidad es un tiempo difícil para las familias en crisis.

Ore por sus estudiantes. Tal vez tenga a un niño o niña que pueda necesitar una medida adicional de amor y atención en este día: una palabras especial después de la clase, una nota en el correo, una llamada telefónica, o incluso un paseo. Saber cómo ministrar a un estudiante necesitado en su clase en verdad puede presentar una problema difícil para un maestro o maestra. Sus pastor o el comité de atención pastoral puede proveerle alguna orientación. Al celebrar el nacimiento del niñito Jesús, celebre a todos los niños y niñas, ¡especialmente a sus maravillosos estudiantes de Zona Bíblica!

Los pastores fueron los primeros que escucharon las buenas nuevas del nacimiento de Jesús.

Vistazo a la ZONA

ZONA	TIEMPO	MATERIALES	ACCESORIOS DE ZONA
Acércate a la ZONA			
Tiempo de llegada	5 minutos	página 170, manta pequeña, cinta o cuerda, bastones de dulce	oso de colores
Adorna el árbol	5 minutos	página 171, tijeras, marcadores, crayones, cinta adhesiva (opcional: pegamento con escarcha de brillo)	ninguno
Zona Bíblica			
¿Qué hay en el nombre?	5 minutos	Transparencia 2, cinta adhesiva, tijeras	ninguno
Gloria brillante	5 minutos	ninguno	collares de esferas disco
Los ángeles hablan	5 minutos	Reproducible 4A, crayones, tijeras, cinta adhesiva	ninguno
Recorta un bastón	5 minutos	Reproducible 4B, hilo de tejer, tijeras, cinta adhesiva	ninguno
Comparte con el oso navideño	5 minutos	Biblia	oso de colores
Zona de Vida			
Canta y celebra	5 minutos	tocadiscos de discos compactos	disco compacto
Bola de queso pastoril	5 minutos	ver página 54	ninguno
Pasa la paz	5 minutos	ninguno	ninguno

Los Accesorios de Zona® se encuentran en el **Paquete de DIVERinspiración®**.

PRIMARIOS MENORES: LECCIÓN 4

Acércate a la

Escoja una o más actividades para capturar la atención de sus estudiantes.

Materiales:
página 170
manta pequeña
cinta o cuerda
bastones de dulce

Accesorios de Zona®:
oso de colores

Tiempo de llegada

Vista al **oso de colores** (oso navideño) como un pastor poniendo la manta pequeña sobre su cabeza y asegurándola con cinta o cuerda, al estilo de los pastores. Coloque un pequeño bastón de dulce para cada estudiante en el regazo del oso. Salude a cada estudiante mientras van llegando.

Diga: Hoy el oso navideño tiene puesto su vestimenta de pastor y está muy orgulloso de ella. Vayan a decirle cuánto les gusta y dejen que el oso les dé un regalito.

Pida a sus estudiantes que le den las gracias al oso navideño por sus bastones de dulce. Puede invitarles a que los coman en este momento o los guarden para después.

Diga: Los bastones de dulce tienen la forma de un bastón de pastor. El oso navideño se los dio hoy porque nuestra historia bíblica nos cuenta sobre los pastores que visitaron al niñito Jesús en Belén.

Si sus estudiantes no se conocen entre sí, pídales que se pongan la etiqueta con su respectivo nombre (pág. 170).

Materiales:
página 171
tijeras
marcadores
crayones
cinta adhesiva
opcional: pegamento con escarcha de brillo

Accesorios de Zona®:
ninguno

Adorna el árbol

Decoren el árbol de Navidad, que comenzaron en la primera lección, con otra ronda de esferas de Navidad. Prepare las esferas haciendo fotocopias de la página 171. Recorte un círculo para cada estudiante.

Reúna a sus estudiantes para comenzar la actividad.

Pregunte: ¿Por lo regular a dónde va la gente para visitar a los recién nacidos? (*un hospital, una casa*). **¿ustedes saben quién los visitó cuando nacieron?** (*abuelos, hermana o hermano, amigos de la familia*). **¿Quiénes visitaron primero al recién nacido niñito Jesús?** (*los pastores*).

Diga: Antes de que ustedes nacieran, la gente esperaban el día en que finalmente ustedes llegarían al mundo. En los tiempos bíblicos, la gente esperaba por el Salvador prometido por Dios. Los pastores fueron los primeros que escucharon las buenas noticias de que Jesús había nacido. Salieron de prisa para visitarle en Belén.

Pregunte: ¿A quién les gustaría visitar durante los días de Navidad?

Reparta las esferas de Navidad en papel blanco y los marcadores. Pida que cada estudiante escriba en la esfera el nombre de alguien a quien le gustaría visitar. Después, podrán decorarlas con los crayones y/o el pegamento con escarcha de brillo. Use la cinta adhesiva para sujetar las esferas de Navidad al árbol.

Escoja una o más actividades para sumergir a sus estudiantes en la historia bíblica.

¿Qué hay en el nombre?

Comience leyendo los nombres en las seis piezas del rompecabezas (**transparencia 2**), que montaron en las clases anteriores.

Pregunte: ¿Alguna vez han escuchado las palabras *ungir* o *ungido*?

Diga: En los tiempos bíblicos, el aceite de oliva se derramaba sobre la cabeza de alguien para mostrar que esa persona iba a servir a Dios. A esto se le llamaba "ungir". Las personas que entregan sus vidas para servir a Dios son ungidas de Dios, ya sea que se derrame o no aceite sobre sus cabezas.

Pregunte: ¿Pueden pensar en una persona en nuestra iglesia cuyo trabajo es servir a Dios (*el pastor o pastora*).

Diga: Todas las personas ungidas de Dios son importantes, pero la persona ungida más importante y especial fue Jesús. La palabra *Cristo* significa "ungido" en el idioma griego. La palabra hebrea *Mesías* también significa "ungido". Otro nombre para Jesús en la historia de hoy es "Salvador". Como nuestro Salvador, Jesús nos salva de nuestros pecados y nos da el regalo de la vida eterna.

Saque las piezas del rompecabezas que dicen "Salvador", "Cristo el Señor", y "Mesías". Pida a sus estudiantes que las coloquen en el rompecabezas, después sujételas con cinta adhesiva.

Materiales:
Transparencia 2
cinta adhesiva
tijeras

Accesorios de Zona®:
ninguno

Gloria brillante

Reparta los **collares de esferas** a cada estudiante. Si tiene más de doce estudiantes, pueden usarlos por turnos.

Diga: estos son collares de esferas. Las verdaderas esferas de disco(teca) son mucho más grandes. Están colgando del techo y dan vueltas. Mientras van girando, reflejan la luz y producen brillantes destellos de luz.

Permita que sus estudiantes examinen los collares por unos minutos.

Diga: En los tiempos bíblicos no habían esferas de disco(teca), pero en la historia de hoy escuchamos de un momento cuando la gloria de Dios brilló en el cielo. Una gran luz brilló alrededor de unos pastores que pasaban la noche en el campo cuidando de sus ovejas. ¡Debe haber sido un hermoso espectáculo.

Materiales:
ninguno

Accesorios de Zona®:
collares de esferas

Historia de la 

Los ángeles hablan

Por Lisa Flinn y Barbara Younger

Antes de la clase, haga copias del **Reproducible 4A** (pastores y ángeles) para cada estudiante.

Entregue a sus estudiantes crayones y tijeras para colorear y recortar las figuras. Pídales que formen una base en forma de anillo para cada figura uniendo las puntas de las tiras con cinta adhesiva.

Reparta a sus estudiantes sus bolsas con las figuras de las historias previas. Pídales que saquen sus figuras de María y el niñito Jesús en el pesebre y que las traigan, junto con los pastores y ángeles que han recibido hoy, al círculo de la historia.

Identifique cada figura para sus estudiantes.

Pida a sus estudiantes que levanten la figura de los pastores mientras usted lee:

Nos sentamos alrededor del fuego
Y pensamos que todo andaba bien.
Las ovejas estaban durmiendo,
Y la noche nos arrullaba también.
Cuando de repente apareció una gran luz,
¡Oh! Y un ángel del cielo nos habló:
"Vayan a ver a un niñito que acaba de nacer".
Después llegaron más ángeles
Con hermosos cantos para celebrar.
Así que corrimos hasta Belén
para ese pequeño adorar.

Pregunte: ¿Quién habla? (*los pastores*)

Pida que levanten sus figuras de los ángeles mientras usted lee:

Bajamos desde el cielo y de luz brillante rodeados,
con blancas y relucientes ropas vestidos
y la quietud de la noche todos perturbamos,
¡Y de seguro a los pastores espantamos!
Esos pastores que cuidaban a sus rebaños
nunca podrán olvidar tan maravilloso espectáculo.

Pregunte: ¿Quiénes hablan? (*los ángeles*)

Pida a sus estudiantes que levanten las figuras de los pastores, del ángel de la Lección 2, y el grupo de ángeles mientras usted lee:

Pastores: Es muy bueno ser pastor. ¡Qué bella noche es ésta! Con la luz de la luna puedo ver el pequeño pueblo de Belén. Tal vez esta sea una noche callada y tranquila para nosotros y nuestros rebaños.
Un ángel: No teman. Soy un ángel de Dios.

Pastores: ¡Vean! ¿Qué es este gran resplandor?
Un ángel: No teman, pastores. ¡Les traigo buenas noticias que les van a dar mucho gusto! Este día, en la ciudad del rey David, les ha nacido un Salvador. Es el Mesías, el Señor. Lo encontrarán envuelto en pañales y acostado en un pesebre.
Pastores: ¡Ahora hay un coro de ángeles!
Ángeles: Gloria a Dios en las alturas y paz en la tierra para todos los que agradan a Dios.

Pida a sus estudiantes que bajen las figuras de los ángeles y levanten las de María, José y el niñito Jesús, junto con los pastores.
Pastores: Vamos hasta Belén y veamos esto que el Señor nos ha dicho.
María: José, alguien está tocando la puerta del establo. ¿Quién puede ser a estas horas de la noche?
José: Voy a ver quién es.
Pastores: Aunque no lo crean, los ángeles nos enviaron en busca del Salvador.
José: ¡Lo creo! Los ángeles también se me aparecieron a mí y a mi esposa María.
Pastores: José, ¿podemos ver al niñito?
José: ¡Claro que sí! Pasen por acá.
Pastores: Ahí está, tal como el ángel dijo, durmiendo en un pesebre. El ángel nos dijo que él era el Mesías, el Señor.

José: Gracias por venir y compartir nuestro gozo.
María: Como la madre de este importante bebé, tengo mucho que pensar y guardar en mi corazón.
Pastores: ¡Gloria a Dios! Todo ha sucedido como el ángel dijo.

Concluya el tiempo de la historia pidiendo a sus estudiantes que levanten a los pastores y digan: "¡Gloria a Dios! Todo ha sucedido como el ángel dijo", y que después levanten a los ángeles para decir: "¡Paz en la tierra!".
Diga: Tal y como dijo el ángel del Señor, Jesús es el Salvador y el Mesías, prometido por Dios. Los pastores fueron los primeros en escuchar las buenas nuevas del nacimiento de Jesús.

Escoja una o más actividades para sumergir a sus estudiantes en la historia bíblica.

Materiales:
Reproducible 4B
hilo de tejer
tijeras
cinta adhesiva
engrapadora

Accesorios de Zona®:
ninguno

Recorta un bastón

Antes de la clase, haga copias del patrón del adorno, **Reproducible 4B**. Recorte la hoja por el medio para que cada estudiante reciba dos bastones.

Entregue a cada estudiante la mitad de la hoja y tijeras. Invíteles a que recorten las dos figuras de los bastones dobles.

Luego, pida a sus estudiantes que monten las figuras dobles del bastón, una sobre la otra, para que coincidan las orillas. Una los bastones de manera vertical engrapándolos dos veces por el centro. Corte trozos de hilo de tejer de 12 pulgadas de largo para cada estudiante. Instruya a sus estudiantes a que formen los colgantes doblando el trozo de hilo por la mitad para hacer un lazo, luego que coloquen las puntas sobre las grapas, y halen el lazo de hilo para que pase por encima de la parte superior del bastón. Pegue las puntas de hilo al bastón. Abra los lados del bastón doblando para arriba y por abajo.

Diga: Vamos a celebrar el gozo que sintieron los pastores al ser los primeros que escucharon las buenas noticias del Salvador.

Materiales:
Biblia

Accesorios de Zona®:
oso de colores

Comparte con el oso navideño

Reúna a sus estudiantes formando un círculo. Repita el versículo bíblico: "Hoy les ha nacido en el pueblo de David un Salvador que es el Mesías, el Señor" (Lucas 2:11). Pídales que lo repitan.

Diga: En la historia de hoy el ángel dio las buenas noticias de que Jesús había nacido, a los pastores. ¿Alguna vez han recibido buenas noticias? (*Sí, cuando escuchamos que nuestros abuelos venían a visitarnos; cuando respondí correctamente a todas las preguntas en mi examen de matemáticas*). **Cuando recibimos buenas noticias, es una buenas ocasión para dar gracias a Dios por todas las bendiciones que nos da. Cada uno de ustedes va a tomar su turno para decirle al oso navideño alguna buena noticia que hayan recibido.**

Pida a sus estudiantes sostengan al **oso de colores** (oso navideño) y lo miren mientras le dicen sus buenas noticias. Si algún estudiante tiene dificultad para identificar una buena noticia, ayúdeles haciendo algunas preguntas: ¿Sucedió algo bueno durante las vacaciones o los días festivos? ¿Su familia ha recibido algunas llamadas contando algo bueno en esta semana? ¿Hubo buenas noticias en alguna de las tarjetas de Navidad que su familia recibió?

Termine dándole las gracias al oso navideño y luego murmurar alguna buena noticia a su oído para que usted la comparta con sus estudiantes: "Las buenas noticias del oso navideño es que va a hacer el papel de pastor en la obra de teatro de los ositos".

ZONA BÍBLICA®

 de Vida

Escoja una o más actividades para que la Biblia cobre significado en la vida diaria.

Canta y celebra

Enseñe a sus estudiantes el cántico "Ve, di en la montaña" (**disco compacto, pista 2**). Luego, enseñe a sus estudiantes estos movimientos.

Ve, di en la montaña

Ve, di en la montaña (*manos arriba de su cabeza para formar las montañas*)
sobre los montes (*agite su mano para hacer los montes*)
por doquier (*extienda sus brazos a todo lo largo*)
Ve, di en la montaña (*manos arriba de su cabeza para formar las montañas*)
Que Cristo ya nació (*como si meciera un bebé en sus brazos*)

Pastores sus rebaños
de noche al cuidar,
con gran sorpresa vieron
gloriosa luz brillar.

Ve, di en la montaña (*manos arriba de su cabeza para formar las montañas*)
sobre los montes (*agite su mano para hacer los montes*)
por doquier (*extienda sus brazos a todo lo largo*)
Ve, di en la montaña (*manos arriba de su cabeza para formar las montañas*)
Que Cristo ya nació (*como si meciera un bebé en sus brazos*)

Y luego, asombrados
oyeron el cantar
de ángeles en coro
las nuevas proclamar.

Ve, di en la montaña (*manos arriba de su cabeza para formar las montañas*)
sobre los montes (*agite su mano para hacer los montes*)
por doquier (*extienda sus brazos a todo lo largo*)
Ve, di en la montaña (*manos arriba de su cabeza para formar las montañas*)
Que Cristo ya nació (*como si meciera un bebé en sus brazos*)

LETRA: Himno folklórico americano; adapt. por John W. Work; trad. por Anita González
MÚSICA: GO TELL IT ON THE MOUNTAIN; arm. por John W. Work
Trad. © 2008 Abingdon Press, admin. por The Copyright Co., Nashville, TN 37212

Materiales:
tocadiscos de discos compactos

Accesorios de Zona®:
disco compacto

 de Vida

Escoja una o más actividades para que la Biblia cobre significado en la vida diaria.

Materiales:
cuatro onzas de queso crema
cuatro onzas de queso cheddar rallado
cuatro onzas de queso mozarella rallado
cuatro onzas de queso feta
sazonadores
galletas saladas
plástico para envolver
platos
cuchillo
alambrito para cerrar

Accesorios de Zona®:
ninguno

Bola de queso pastoril

Para hacer una bola de queso para el refrigerio de su clase: ablande el queso crema; luego colóquelo en un procesador de alimentos o un tazón para mezclar junto con el queso feta desmoronado y el queso mozarella rayado. Bátalos hasta que estén completamente integrados. Añada la mitad del queso cheddar rayado y cualquier sazonador que desee como ¼ de cucharada pequeña de pimentón, pimienta, y/o polvo de ajo, hierbas o cebolla.

Espolvoree un poco del queso cheddar restante a lo largo del plástico para envolver (de quince pulgadas de largo). Coloque la mezcla de queso en una sola bola sobre el centro del plástico. Ruede la bola para cubrirla con el queso cheddar. Hale las orillas del plástico; luego frote el plástico sobre el queso para formar una bola. Asegúrelo con el alambre por la parte de arriba. Enfríe la bola por lo menos durante una hora, pero permita que se entibie un poco antes de servirla. Sírvala con galletas saladas.

Diga: A los pastores les gustaba comer queso cuando cuidaban a sus rebaños. Los pastores de la historia de la Navidad tal vez tuvieron una cena con queso la noche que escucharon las buenas noticias del nacimiento de Jesús.

Materiales:
ninguno

Accesorios de Zona®:
ninguno

Pasa la paz

Pida a sus estudiantes que formen un círculo.

Diga: En la historia de hoy, después de la aparición del ángel a los pastores trayéndoles las buenas noticias, se le unieron más ángeles y cantaron: " ¡Gloria a Dios en las alturas! Paz en la tierra a los hombres de buena voluntad".

Diga a sus estudiantes que van a pasar la paz. El o la primera estudiante le dirá al segundo: " ¡Gloria a Dios en las alturas!", y el segundo estudiante responderá: "Paz en la tierra". Después el o la segunda estudiante dirá: " ¡Gloria a Dios en las alturas!", y el tercer estudiante responderá: "Paz en la tierra". Así continuará hasta que se haya completado el círculo. Haga que sus estudiantes estrechen sus manos mientras pasan la paz.

Después, pídales que levanten sus manos alto en el aire.

Ore: ¡Buenas noticias! ¡Buenas noticias! Gracias Dios, por las buenas noticias que el ángel llevó a los pastores. ¡Buenas noticias! ¡Buenas noticias! ¡Gracias por las buenas noticias del nacimiento de Jesús! ¡Buenas noticias! ¡Buenas noticias! ¡Gracias Dios por las buenas noticias! Amén.

Haga una fotocopia de Zona Casera® para cada estudiante de su clase.

Casera para padres

Versículo bíblico
Hoy les ha nacido en el pueblo de David un Salvador que es el Mesías, el Señor.
Lucas 2:11

Historia bíblica
Lucas 2:7-20

Los pastores que cuidaban a sus ovejas en le campo, fueron los primeros en escuchar las buenas noticias del nacimiento del Salvador. Puesto que las ovejas eran los animales domésticos más comunes en la Tierra Santa, hay referencias sobre las ovejas y sus pastores por toda la Biblia. El amor de Dios y Jesús se compara a la devoción que un pastor tiene por sus ovejas. Si tienen una hija, tal vez se sienta contenta de saber que también había pastoras en el tiempo de la Biblia. También los padres y las madres son pastores y pastoras, y su trabajo no es fácil. Los padres van una y otra vez por los caminos para rescatar a las ovejas perdidas. Recuerden que su familia extendida, sus amigos, su pastor, y su familia de la iglesia están ahí para poner un bastón sobre ustedes cuando necesitan ayuda. ¡No titubeen en pedir ayuda cuando la necesiten!

Gracias al director del coro

La Navidad es un tiempo especialmente ocupado para los directores y directoras de coro. Aliente a sus estudiantes para que ayuden a sorprender a su director del coro con un regalo de Navidad como galletas o dulces, una nota o fotografía de agradecimiento, o algún otro regalito creativo.

Bola de queso pastoril

Sonría cuando presente este refrigerio. Necesitará: cuatro onzas de queso crema, cuatro onzas de queso cheddar rallado, cuatro onzas de queso mozarella rallado, cuatro onzas de queso feta y sazonadores.

Ablande el queso crema; luego colóquelo en un procesador de alimentos o un tazón para integrar junto con el queso feta desmoronado y el queso mozarella rayado. Bátalos hasta que estén completamente integrados. Añada la mitad del queso cheddar rayado y cualquier sazonador que desee como ¼ de cucharada pequeña de pimentón, pimienta, y/o polvo de ajo, hierbas o cebolla.

Espolvoree un poco del queso cheddar restante a lo largo del plástico para envolver (de quince pulgadas de largo). Coloque la mezcla de queso en una sola bola sobre el centro del plástico. Ruede la bola para cubrirla con el queso cheddar. Hale las orillas del plástico; luego frote el plástico sobre el queso para formar una bola. Asegúrelo con el alambre por la parte de arriba. Enfríe la bola por lo menos durante una hora, pero permita que se entibie un poco antes de servirla. Sírvala con galletas saladas.

Los pastores fueron los primeros en escuchar las buenas nuevas del nacimiento de Jesús.

Permiso de fotocopiado otorgado para el uso de la iglesia local. © 2008 Abingdon Press.

3 pastores

3 ángeles

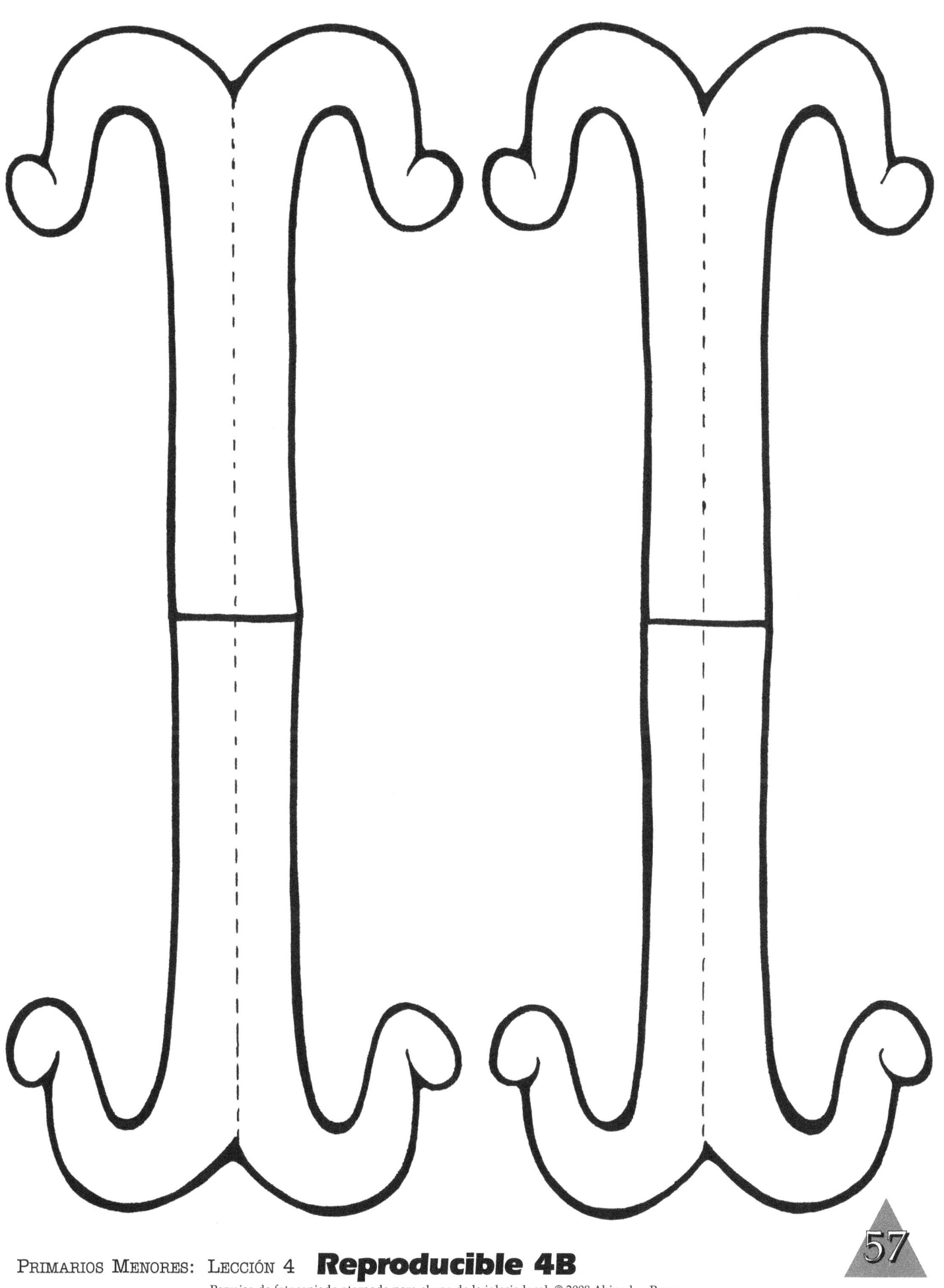

PRIMARIOS MENORES: LECCIÓN 4 **Reproducible 4B**

Simeón y Ana

Entra a la ZONA

Versículo bíblico
La luz alumbrará a las naciones....
　　　　　　　　　Lucas 2:32

Historia bíblica
Lucas 2:21-38

La ley de Moisés estipulaba que una mujer debía que ir al templo después de cuarenta días de haber dado a luz. Lucas nos dice que María y José obedecieron esta ley y ofrecieron un sacrificio en una ceremonia de purificación en el Templo en Jerusalén. También presentaron a su primer hijo, Jesús, el Señor.

Simeón, un anciano profeta, tomó a Jesús en sus brazos y pronunció una bendición y una profecía. Primero, Simeón dio gracias a Dios porque la promesa de enviar al Mesías se había cumplido estando él vivo. "Ahora, Señor, tu promesa está cumplida: puedes dejar que tu siervo muera en paz.", dijo Simeón mientras sostenía al niñito Jesús. A continuación profetizó sobre las cosas que habrían de sucederle a Jesús. Entonces le dijo a María unas palabras que estarían con ella por mucho tiempo, "Pero todo esto va a ser para ti como una espada que atraviese tu propia alma" (Lucas 2:35).

Una profetisa, llamada Ana, también reconoció a Jesús como el Mesías. Ana, había enviudado hacia muchos años y servía a Dios, orando y ayunando en el Templo. Ana se une a un grupo de profetisas de la Biblia. Miriam, la hermana de Moisés y Aarón, guiaron la danza para celebrar el paso del pueblo por el Mar Rojo. Débora sirvió como juez y ejerció un liderazgo carismático. Las niñas en su clase de Zona Bíblica se deben alegrar de escuchar que estás mujeres y otras fueron consideradas iguales a los profetas hombres en términos de sus poderes y visiones proféticas.

Ana y Simeón reconocieron en Jesús el Mesías esperado por tanto tiempo. ¿Cómo puede ayudar a sus estudiantes a reconocer a Jesús como su Salvador? Los niños y las niñas aprenden mejor por el ejemplo. Permita que vean el papel que su fe tiene en su vida y en su celebración de la Navidad. Hable abiertamente con sus estudiantes de Zona Bíblica sobre su fe. Hágales ver que Jesús y sus enseñanzas tienen un papel importante en la manera en que usted vive de día a día.

Los niños y las niñas tienen sus propias opiniones respecto a las promesas y tal vez ya se han decepcionado por alguna promesa no cumplida. Ayúdeles a entender que Dios cumple sus promesas. Dios prometió enviar a un Salvador, y ese Salvador es Jesús. Al igual que Simeón y Ana sintieron una gran alegría por el cumplimiento de las promesas de Dios, nosotros la sentimos hoy. Especialmente cada vez que celebramos el nacimiento del Salvador.

Podemos confiar en las promesas de Dios.

Vistazo a la

ZONA	TIEMPO	MATERIALES	ACCESORIOS DE ZONA
Acércate a la ZONA			
Tiempo de llegada	5 minutos	caja de zapatos, tijeras o cuchillo, cinta adhesiva, linterna de pila (opcional: una linterna o pilas extras).	oso de colores
Encuentra una rama pelada	10 minutos	página 171, tijeras, marcadores, crayones, cinta adhesiva (opcional: pegamento con escarcha de brillo)	ninguno
Zona Bíblica			
Los nombres de Jesús	5 minutos	Transparencia 2, cinta adhesiva, tijeras	ninguno
Esferas brillantes	5 minutos	linterna	collares de esferas
Simeón y Ana nos hablan	5 minutos	Reproducible 5A, crayones, tijeras, cinta adhesiva	ninguno
Recorta una linterna	5 minutos	Reproducible 5B, hilo de tejer, tijeras, cinta adhesiva	ninguno
Señales de Navidad	5 minutos	Biblia	oso de colores
¡Pasen ese oso!	5 minutos	tocadiscos de discos compactos	disco compacto, oso de colores
Zona de Vida			
Canta y celebra	5 minutos	tocadiscos de discos compactos	disco compacto
Árbol sabroso de Navidad	5 minutos	queso crema, cebollinas o perejil picado, tomates pequeñitos, canela en rama, galletas saladas, plato para servir, cuchillo	ninguno
Linterna de despedida	5 minutos	linterna	ninguno

Los Accesorios de Zona® se encuentran en el **Paquete de DIVERinspiración®**.

PRIMARIOS MENORES: LECCIÓN 5

Acércate a la

Escoja una o más actividades para capturar el interés de sus estudiantes.

Materiales:
caja de zapatos con tapa
linterna
tijeras o cuchillo
cinta adhesiva
opcional: linterna o pilas adicionales

Accesorios de Zona®:
oso de colores

Tiempo de llegada

Antes de la clase, recorte un pequeño orificio en un lado de la caja de zapatos. Coloque al **oso de colores** (oso de navideño) dentro de la caja y asegure la tapa con cinta adhesiva. Puesto que la linterna se usará varias veces durante esta lección, tal vez quiera tener a la mano una linterna o pilas adicionales. Salude a cada niño y niña conforme vayan llegando.

Diga: El oso navideño se está escondiendo. Tomen la linterna y vean si está dentro de aquella caja.

Después de que todos hayan tomado su turno buscando al oso navideño, sáquelo de la caja.

Diga: El oso de navideño se estaba escondiendo, pero ustedes usaron la luz para encontrarlo. Cuando, tal como lo había prometido, Dios envió al niñito Jesús al mundo y nos trajo luz a todos. Dios prometió enviar a un Salvador, y Dios cumplió lo prometido. ¡Podemos confiar en las promesas de Dios!

Materiales:
página 171
tijeras
marcadores
crayones
cinta adhesiva
opcional: pegamento con escarcha de brillo

Accesorios de Zona®:
ninguno

Encuentra una rama pelada

Decoren el árbol de Navidad que comenzaron en la primera lección con otra ronda de esferas de Navidad. Prepare las esferas haciendo fotocopias de la página 171. Recorte un círculo para cada estudiante.

Reúna a sus estudiantes en un circulo para comenzar la actividad.

Pregunte: ¿Cuál es el nombre de la iglesia a la que asisten? ¿Es la misma iglesia a la que iban cuando eran bebés?

Diga: Si fueron bautizados de bebés, sus padres y los miembros de esa iglesia prometieron amarles y criarles como personas cristianas. Esta es una promesa que le hicieron a Dios y unos a los otros. Dios cumple sus promesas y quiere que también nosotros cumplamos lo que prometemos.

Reparta las esferas de Navidad en blanco y los marcadores. Pida a sus estudiantes que escriban en la esfera el nombre de su iglesia y que las decoren con los crayones y/o el pegamento con escarcha de brillo. Use la cinta adhesiva para sujetar las esferas de Navidad al árbol.

Escoja una o más actividades para sumergir a sus estudiantes en la historia bíblica.

Los nombres de Jesús

Comience leyendo los nombre de las nueve piezas (**Transparencia 2**) ya ensamblada con anterioridad.

Pregunte: ¿Pueden pensar en una ceremonia de algunas iglesias que casi siempre es para bebés o niñitos y niñitas? (*el bautismo*). Durante la ceremonia, ¿el pastor dice el nombre del niño o la niña? (*sí*).

Diga: A los ocho días de nacido, José y María llevaron el niñito al Templo para una ceremonia especial. En esta ceremonia al bebé le pusieron por nombre Jesús. Según nos narra la historia, durante la ceremonia se encontraban en el Templo un profeta y una profetiza. Ellos creían que Jesús era el enviado de Dios, y estaban muy contentos de que Dios hubiese cumplido su promesa de enviar a un Salvador.

Saque la pieza del rompecabezas que dice "Jesús". Pida a sus estudiantes que la coloquen en el rompecabezas, después sujétela con cinta adhesiva.

Materiales:
Transparencia 2
cinta adhesiva
tijeras

Accesorios de Zona®:
ninguno

Esferas brillantes

Entregue a cada estudiante un **collar de esferas**. Si tiene más de doce estudiantes, pídales que los compartan.

Pida a sus estudiantes que pongan sus manos alrededor de la esfera y estudien cómo se ve mientras la hacen girar de un lado para el otro.

Ahora, con la linterna alumbre dentro de las manos de sus estudiantes, uno a la vez, mientras hacen girar la esfera de un lado para otro.

Pregunte: ¿Qué pasaba con la esfera cuando yo la alumbraba con la linterna? (*se veía más brillante; más bonita; la luz se reflejaba*).

Diga: La luz hizo que la esfera brillara mucho más. Cuando Jesús nació, Simeón, el profeta de la historia bíblica de hoy, dijo que el poder de Dios era "una luz para todas las naciones".

Pregunte: La luz se ha convertido en uno de los símbolos de la Navidad. ¿Cómo usamos las luces en Navidad? (*en los árboles, los edificios y letreros, con velas*). Simeón entendió que Jesús había traído nueva luz al mundo y se alegró en gran manera al darse cuenta de que Dios había cumplido su promesa de enviar a un Salvador.

Materiales:
linterna de pila

Accesorios de Zona®:
collares de esferas

Historia de la  Bíblica

Simeón y Ana nos hablan

Por Lisa Flinn y Barbara Younger

Antes de la clase, haga copias del **Reproducible 5A** (Simeón y Ana) para cada estudiante. (Hay dos juegos en cada página).

Entregue a sus estudiantes crayones y tijeras para colorear y recortar las figuras.

Indíqueles que formen una base en forma de anillo para cada figura uniendo las puntas de las tiras con cinta adhesiva. Pídales que al terminar la historia, guarden las figuras de hoy en sus bolsas de figuras.

Pida que despeguen al niñito Jesús del pesebre y que lo coloquen en los brazos de María y que traigan el resto de las figuras, Simeón y Ana junto con las de José, al círculo de la historia. Identifique cada figura para sus estudiantes.

Comience pidiendo a sus estudiantes que levanten su figura de Simeón mientras usted lee:
Soy mucho más viejo que todos aquí,
Y preocupado he estado de que se me acerca mi tiempo de morir,
Soy Simeón, y en verdad amo a Dios.
Y ya no habré de preocuparme de lo que me pueda ocurrir,
pues para mi es muy claro que el niñito Jesús
es el enviado de nuestro Señor
para lograr nuestra salvación
Y a quien hay que adorar y servir.

Pregunte: ¿Quién es este hombre?
(*Simeón*)

Ahora pida a sus estudiantes que levanten su figura de Ana mientras usted lee:
Soy Ana, soy profetisa, y desde hace mucho
en el Templo de Jerusalén vivo y sirvo.
Ahora, a todos en el pueblo les voy a decir
que el Salvador Jesús ya está aquí
y que Simeón y yo lo acabamos de bendecir.

Pregunte: ¿Quién es esta mujer?
(*Ana*)

Pida a sus estudiantes que levanten las figuras de Simeón, Ana, María y José mientras usted lee:
Simeón: ¡Me siento tan bendecido! Hace algún tiempo el Espíritu de Dios me dijo que no moriría sin ver a Cristo el Señor. Ahora el Espíritu Santo otra vez ha venido a mi, y me ha dicho que vaya al Templo.
María: Soy una mamá muy feliz. Hace cuarenta días que nuestro hijo nació en Belén la ciudad de David.
José: Y yo también soy un padre feliz porque todos ahora estamos en el Templo de Jerusalén. Muy pronto sacrifica-

ZONA BÍBLICA®

remos a Dios dos palomas porque hemos prometido que nuestro primer hijo pertenecería a Dios. Su nombre es Jesús.

Simeón: ¡El Espíritu Santo me ha enviado a ver al niñito! Señor, soy tu siervo, y ahora puedo morir en paz porque has cumplido la promesa que me hiciste. Con mis propios ojos he visto lo que has hecho para salvar al pueblo de Israel. Tu poder es luz para todas las naciones.

José: Buen señor, nos sorprende. Usted parece entender mucho sobre nuestro bebé.

Simeón: Sí, benditos sean ustedes y su hijo.

María: Gracias señor, por sus hermosas palabras y su bendición.

Simeón: María, por favor, escucha esto. Tu hijo hará que muchos caigan y se levanten en Israel. Y ocurrirán muchas cosas difíciles que te darán mucho dolor. ¡Mira! Aquí viene la profetisa Ana.

Ana: ¡Gloria a Dios! Soy una anciana que ha sido viuda durante ochenta y cuatro años, ¡y estoy muy feliz de ver a este bebé! ¡Todos vamos a alabar a Dios porque nos ha enviado al niñito Jesús!

José: Gracias, Ana, por tu alabanza a Dios dando gracias por nuestro bebé.

María: ¿Qué puede pensar una madre de todo esto?

José: Vamos María. Volvamos a casa. Allí nuestro Jesús crecerá sabio y fuerte. Dios lo bendecirá.

Concluya el tiempo de la historia pidiendo a sus estudiantes que hagan que Simeón diga: "Señor, has cumplido lo que me prometiste", y que Ana diga "¡Gloria a Dios!"

Escoja una o más actividades para sumergir a sus estudiantes en la historia bíblica.

Materiales:
Reproducible 5B
hilo de tejer
cinta adhesiva
tijeras

Accesorios de Zona®:
ninguno

Recorta una linterna

Haga fotocopias del **Reproducible 5B** y corte las dos figuras de la linterna. Entregue a cada estudiante tijeras y los patrones de la linterna. Pida a sus estudiantes que recorten alrededor del patrón de la linterna, después que doblen la linterna a lo largo por el centro. Así doblado que corten a lo largo de las líneas para formar muchas tiras. Ahora, que con delicadeza abran el farol doblado, y formen un cilindro uniendo las orillas y asegurándolas con cinta adhesiva. Corte trozos de hilo de tejer de 12 pulgadas de largo para cada estudiante. Pídales que formen los colgantes pegando con cinta adhesiva una de las puntas del hilo dentro del aro superior, después aseguren el lado opuesto. Lea la frase impresa en el fondo: "Jesús es luz para todas las naciones".

Diga: Simeón y Ana creyeron en la promesa de que Dios enviaría a un Salvador. Nosotros también podemos confiar en las promesas de Dios.

Materiales:
Biblia

Accesorios de Zona®:
oso de colores

Señales de Navidad

Lea Lucas 2:29-32 a sus estudiantes, explique que esto fue lo que dijo Simeón cuando tomó al niñito Jesús en sus brazos y alabó a Dios.

Diga: Cuando Simeón vio al niñito Jesús, entendió que Dios había cumplido su promesa de enviar a un Salvador. Nosotros no podemos ver al niñito Jesús como lo vio Simeón, pero celebramos su nacimiento en la Navidad. Al celebrarlo, vemos señales a nuestro alrededor como: los árboles de Navidad y las luces. Vamos a tomar turnos para decirle al oso navideño sobre una señal de Navidad que ustedes hayan visto en esta temporada.

Haga pasar el **oso navideño** de estudiante en estudiante. Cuando hayan terminado, prometa al oso que usted le mostrará algunas de esas señales muy pronto.

Materiales:
tocadiscos de discos compactos

Accesorios de Zona®:
oso de colores
disco compacto

¡Pasen ese oso!

Reúna a sus estudiantes formando un círculo. Levante al **oso de colores** (oso navideño).

Diga: En Navidad nosotros celebramos el cumplimiento de la promesa de Dios de enviar a un Salvador. El oso navideño le gusta mucho la música, y también le gusta escucharles cantar. Además, también le gusta que todos ustedes lo carguen. Así que vamos a jugar un juego que a él realmente le va a gustar.

Explique a sus estudiantes que van a pasar al oso navideño alrededor del círculo mientras cantan himnos de Navidad con el **disco compacto**. Cuando la música pare, quien tenga al oso debe levantarlo muy alto y decir: " ¡Podemos confiar en las promesas de Dios!"

 de Vida

Escoja una o más actividades para que la Biblia cobre significado en la vida diaria.

Canta y celebra

Canten "Gente en tinieblas" (**disco compacto, pista 4**).

Diga: cuando Simeón vio a Jesús en el Templo, se alegró mucho porque entendió que Dios había cumplido su promesa de enviar a un Salvador. Simeón dijo: "la luz que alumbrará las naciones". Este cántico celebra la luz de la Navidad.

Gente en tinieblas

Gente en tinieblas buscando la luz.
Ven, ven, ven, oh Jesús.
Gente en ceguera añorando la luz.
Ven, Cristo Jesús
en estos días de expectación
días de Adviento y amor.

Gente enferma anhelando salud.
Ven, ven, ven, oh Jesús.
Gente en pobreza en necesidad.
Ven, Cristo Jesús
en estos días de expectación
días de Adviento y fe.

Gente deseando la liberación.
Ven, ven, ven, oh Jesús.
Y en argumentos quiere solución.
Ven, Cristo Jesús
en estos días de expectación
días de Adviento y paz.

LETRA: Dosia Carlson; trad. por Julito Vargas
MÚSICA: Dosia Carlson
© 1983; trad. © 2008 Dosia Carlson. Usada con permiso

Materiales:
tocadiscos de discos compactos

Accesorios de Zona®:
disco compacto

 # de Vida

Escoja una o más actividades para que la Biblia cobre significado en la vida diaria.

Materiales:
un paquete de ocho onzas de queso crema
dos cucharadas de cebollinas o perejil picado
seis pequeñitos
una rama de canela
galletas saladas
plato para servir
cuchillo

Accesorios de Zona®:
ninguno

Árbol sabroso de Navidad

Puede crear un festivo refrigerio de Navidad en menos de cinco minutos, ya sea antes de la clase o junto a sus estudiantes. Corte el queso crema diagonalmente a la mitad. Coloque las mitades en un plato grande para formar la figura de un árbol de Navidad. Rocíe las cebollinas o el perejil por encima. Ahora, corte los tomatitos a la mitad; y luego colóquelos sobre el árbol como adornos. Para formar el tronco, introduzca un poco la rama de canela por la base del árbol. Si lo prepara antes de la clase, póngalo en el refrigerador.

Sáquelo antes y sírvalo a temperatura ambiente con galletas.

Diga: el árbol siempre verde permanece verde durante todo el año y es un símbolo del eterno amor de Dios por nosotros. Dios prometió enviar a un Salvador, ¡Y cumplió su promesa!

Materiales:
linterna de pilas

Accesorios de Zona®:
ninguno

Linterna de despedida

Reúna a sus estudiantes formando un círculo.

Diga: ¡Nosotros celebramos la Navidad con luces! Hoy, para despedirnos los unos de otros, tomaremos turno para alumbrar con la linterna a todos en la clase. Según alumbramos diremos el nombre de la persona y " ¡Celebra con la luz!"

Muestre a sus estudiantes cómo iluminar los rostros sin deslumbrarles.

Luego que todos hayan tenido su turno con la linterna, pida que cierren sus ojos para orar.

Ore: Amado Dios, gracias por usar tu maravilloso poder como luz para iluminar a todas las naciones. Gracias por cumplir tu promesa y enviar a Jesús al mundo. Estamos muy contentos y celebramos el nacimiento de Jesús con luces y mucha alegría. Amén.

Haga una copia de Zona Casera® para cada estudiante en su clase.

 # Casera para padres

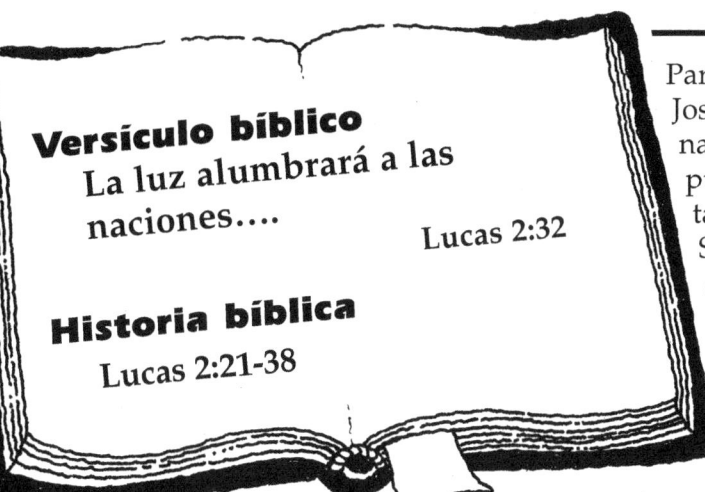

Versículo bíblico
La luz alumbrará a las naciones.... Lucas 2:32

Historia bíblica
Lucas 2:21-38

Para cumplir con la Ley de Moisés, María y José fueron al Templo cuarenta días luego del nacimiento de Jesús. En la ceremonia de purificación, sacrificaron palomas y presentaron a su hijo al Señor. Un profeta llamado Simeón tomó al pequeño en su brazos y alabó a Dios diciendo: "Ahora, Señor, tu promesa está cumplida". Ana, una profetisa viuda desde hacía ochenta y cuatro años, también estuvo presente en la ceremonia, y también alabó a Dios por el niño Jesús.

En la lección de hoy los niños y las niñas usaron linternas para celebrar las luces de Navidad. Tal vez esta semana, su familia pueda salir de paseo para ver algunas de las luces de Navidad en su área. Esta semana pregunte a su hijo o hija sobre el oso navideño, un festivo amigo que ha sido parte de las lecciones en esta unidad de Navidad.

Sabroso árbol de Navidad

Puede crear este refrigerio de Navidad en unos cuantos minutos. Esta es la receta: Un paquete de ocho onzas de queso crema, cebollinas o perejil picado, seis tomatitos, una rama de canela.

Corte el queso crema diagonalmente a la mitad. Coloque las mitades en un plato grande para formar la figura de un árbol de Navidad. Rocíe por encima las cebollinas o el perejil. Ahora, corte los tomatitos a la mitad; y luego colóquelos sobre el árbol como adornos.

Para formar el tronco, introduzca un poco la rama de canela por la base del árbol. Si lo prepara previamente, póngalo en el refrigerador. Sírvalo a temperatura ambiente con galletas.

Una promesa de Navidad

Esta semana, ayude a su hijo o hija a hacer una promesa a alguien que ame. Estas son algunas ideas: Una promesa para ayudar a la abuela a quitar su árbol de Navidad, una promesa para jugar con su hermana a disfrazarse, o una promesa para ayudar a papá a lavar el piso de la cocina. Luego, en las siguientes semanas, ayude a su hijo o hija a cumplir sus promesas de Navidad.

 **Podemos confiar en las promesas de Dios.**

Permiso de fotocopiado otorgado para el uso de la iglesia local. © 2008 Abingdon Press.

Reproducible 5A

Jesús es "luz para todas las naciones"
Lucas 2:32

Jesús es "luz para todas las naciones"
Lucas 2:32

Primarios Menores: Lección 5 **Reproducible 5B**

Los sabios de oriente siguen la estrella

Entra a la ZONA

Versículo bíblico

Vimos salir su estrella y hemos venido a adorarlo.

Mateo 2:2

Historia bíblica

Mateo 2:1-12

¿Quiénes eran estos hombres sabios? Solamente se mencionan en el libro de Mateo, se cree que eran gentiles. Muchos estudiosos creen que eran astrólogos, puesto que siguieron una estrella para encontrar a Jesús. El término de "hombres sabios" también implica que tal vez eran filósofos. Dado que habían venido del oriente, tal vez de Arabia o Mesopotamia, la importancia teológica de este hecho reside en que Dios envió al Salvador para la gente de todas las naciones y trasfondos.

Tradicionalmente, se dice que fueron tres los sabios de oriente, aunque no existen bases bíblicas para afirmarlo. Probablemente, el número tres se asocia con el número de regalos que le presentaron a Jesús: oro, incienso y mirra.

La Epifanía se celebra el 6 de enero. En esta fecha se celebra la visita de los sabios a Jesús y es el centro de los festejos de la natividad en muchas partes del mundo. La palabra *epifanía* significa "manifestación". Así pues, la Epifanía celebra la manifestación de Jesús al mundo gentil.

La costumbre de dar presentes de Navidad puede haber surgido de esta historia bíblica. Conforme los días de esta celebración concluyen, hable con sus estudiantes sobre todos los regalos que hayan recibido. Permita que le cuenten sobre los presentes que recibieron, pero también anime a sus estudiantes a hablar sobre lo que ellas y ellos a su vez regalaron. ¿Cómo se sintieron cuando dieron regalos? ¿Habrían hecho algo diferente? Dialogue sobre la importancia de decir gracias tanto personalmente como con tarjetitas de dar gracias, correos electrónicos y llamadas telefónicas.

También hable con sus estudiantes sobre otros aspectos de la celebraciones navideña. Ayúdeles a sus estudiantes a entender que podemos celebrar la Navidad de maneras divertidas y festivas, pero que el nacimiento de Jesús es la razón de la celebración de esta temporada. El pequeño pueblo de Belén, la ciudad de David, fue el lugar donde ocurrió un evento que cambió al mundo para todas aquellas personas que reconocen a Jesús el Cristo como su Salvador.

Jesús es el Salvador enviado por Dios para la gente en todo el mundo.

Vistazo a la ZONA

ZONA	TIEMPO	MATERIALES	ACCESORIOS DE ZONA®
Acércate a la ZONA®			
Regalos del oso navideño	5 minutos	ninguno	oso de colores, bolas con caritas sonrientes
Arregla el árbol	10 minutos	página 171, tijeras, marcadores, crayones, cinta adhesiva (opcional: pegamento con escarcha de brillo)	ninguno
Zona Bíblica®			
Nombres para alabar	5 minutos	Transparencia 2, cinta adhesiva, tijeras	ninguno
La corona de la sabiduría	5 minutos	ninguno	corona de terciopelo
Los sabios de oriente hablan	5 minutos	Reproducible 6A, crayones, tijeras, cinta adhesiva	ninguno
Recorta una estrella	5 minutos	Reproducible 6B, hilo de tejer, tijeras, cinta adhesiva	ninguno
Búsqueda de estrellas	5 minutos	Biblia, tocadiscos de discos compactos, etiqueta engomada de estrella (opcional: grabación de "Del oriente somos", papel, tijeras)	disco compacto
Zona de Vida			
Canta y celebra	5 minutos	tocadiscos de discos compactos, (opcional: un libro mostrando tradiciones de la Navidad alrededor del mundo y/o adornos de Navidad de otras naciones	disco compacto
Trufas de chocolate sin hornear	5 minutos	ver página 78	ninguno
¡Muy bien hecho sabios!	5 minutos	ninguno	ninguno

Los Accesorios de Zona® se encuentran en el **Paquete de DIVERinspiración®**.

PRIMARIOS MENORES: LECCIÓN 6

Acércate a la ZONA

Escoja una o más actividades para capturar el interés de sus estudiantes.

Materiales:
ninguno

Accesorios de Zona®:
oso de colores
bolas con caritas sonrientes

Regalos del oso navideño

Coloque las bolas con caritas sonrientes **alrededor del** oso de colores **(oso navideño), una para cada estudiante.**

Diga: Hoy el oso navideño tiene regalos para cada uno de ustedes. Vayan a recoger su regalo, y asegúrense de darle las "gracias".

Cuando todos sus estudiantes hayan recibido su bola de goma del oso navideño, pida que le den las gracias al oso navideño una vez más.

Diga: Hoy el oso navideño estaba muy emocionado porque les iba a dar un regalo a cada uno de ustedes. Y en la historia bíblica de hoy escucharemos de unos hombres sabios que estaban muy emocionados porque también darían algunos regalos. Ellos trajeron presentes al niñito Jesús, el Salvador enviado por Dios para la gente en todo el mundo.

Arregla el árbol

Materiales:
página 171
tijeras,
marcadores
crayones
cinta adhesiva
opcional: pegamento con escarcha de brillo

Accesorios de Zona®:
ninguno

Decoren el árbol de Navidad que comenzaron en la primera lección con otra ronda de esferas navideñas. Fotocopie los círculos que se encuentran en la página 171 y recorte un círculo para cada estudiante.

Reúna a sus estudiantes formando un circulo para comenzar la actividad.

Pregunte: ¿Quién regaló oro, incienso y mirra al niñito Jesús? (*los sabios de oriente*). **¿A ustedes les gusta regalar en la Navidad?**

Diga: El nacimiento de Jesús fue el gran regalo que Dios nos dio a cada uno de nosotros. Nosotros celebramos la Navidad porque Jesús es el Salvador enviado por Dios para las personas en todo el mundo.

Reparta las esferas de Navidad en papel blanco y los marcadores. Pida a sus estudiantes que escriban en el centro de sus esferas dibujando un regalo que planeen hacer o que hayan hecho esta Navidad. Luego permítales decorarlas con los crayones y/o el pegamento con escarcha de brillo. Use la cinta adhesiva para sujetar las esferas de Navidad al árbol.

Escoja una o más actividades para sumergir a sus estudiantes en la historia bíblica.

Nombres para alabar

Comience leyendo los nombres de las diez piezas del rompecabezas (**Transparencia 2**) ensambladas con anterioridad.

Pregunte: ¿Qué cosas creen que hace un rey? (*hace leyes, usa su poder, se reúne con personas importantes, recolecta dinero para el tesoro, dirige el reino*). **Temprano en la vida de Jesús los sabios de oriente lo llamaron "Rey de los judíos". Al final de su vida, cuando Jesús estaba muriendo en la cruz, un letrero sobre su cabeza decía "Rey de los judíos". Pero Jesús no actuó como un rey cuando estuvo aquí en la tierra: no vivió en lugares lujosos, no usó ropa lujosa, no comió platillos muy lujosos, ni se rodeó de gente vestida con lujo. A Jesús no le interesaba el lujo, pero si nos dio mandamientos que debemos obedecer, también usó su poder para hacer milagros, y sí le interesaba el reino celestial. En la historia de hoy, Jesús es llamado "Rey de los judíos", "Líder" y "Pastor".**

Saque las tres piezas finales del rompecabezas. Pida a sus estudiantes que terminen el rompecabezas sujetando las piezas con cinta adhesiva. Admire el rompecabezas terminado y lean juntos los nombres.

Materiales:
Transparencia 2
tijeras
cinta adhesiva

Accesorios de Zona®:
ninguno

La corona de la sabiduría

Póngase la **corona de terciopelo** en la cabeza.

Diga: Soy la reina/rey (*diga su nombre*). **Por eso uso la corona.**

Deje que cada estudiante tome su turno usando la corona y diga "Soy la reina/rey (*su nombre*). Por eso uso la corona".

Diga: Las coronas las usan los reyes y las reinas. Con frecuencia, en la escena de la natividad vemos tres personas usando coronas. ¿Quiénes son? (*los tres sabios de oriente, o reyes magos*). **La Biblia dice que eran hombres sabios, probablemente filósofos o astrólogos. ¿Qué significa ser sabio?** (*tener buenas ideas y buen juicio*). **Cada día que pasa ustedes se hacen más y más sabios. Cuando sea su turno de usar la corona, dígannos una decisión sabia que hayan tomado o una idea sabia que hayan tenido.**

Permita que cada estudiante tome su turno para usar la corona y diga algo sabio.

Diga: En la historia de hoy los hombres sabios tuvieron pensamientos sabios y tomaron decisiones sabias.

Materiales:
ninguno

Accesorios de Zona®:
corona de terciopelo

PRIMARIOS MENORES: LECCIÓN 6

Historia de la  Bíblica

Los sabios de Oriente hablan

Por Lisa Flinn y Barbara Younger

Antes de la clase, haga copias del **Reproducible 6A** (los sabios de oriente) para cada estudiante.

Entregue a sus estudiantes crayones y tijeras para colorear y recortar las figuras.

Pídales que formen una base en forma de anillo para cada figura uniendo las puntas de las tiras con cinta adhesiva. Los sabios de oriente completarán la escena de Navidad creada en esta unidad.

Pida a sus estudiantes que traigan sus figuras de los sabios con las de José, María (con Jesús en sus brazos) al círculo de la historia. Identifique cada figura para sus estudiantes.

Comience pidiendo a sus estudiantes que levanten sus figuras de los sabios de oriente mientras usted lee:
Somos hombres sabios, uno, dos, tres,
Al niñito desde lejos venimos a ver.
Algunas personas dicen que somos filósofos,
Y otras más bien que astrólogos somos.
Después de mucho seguir a la estrella,
y buscar con diligencia,
encontramos al niñito.
Entonces con gusto le entregamos nuestros presentes.
Luego, de manera muy inteligente
Regresamos a casa por un camino diferente.

Pregunte: ¿Quiénes son estos hombres? (*los sabios de oriente*)
Ahora siga leyendo:

Primer sabio: Nuestra jornada para encontrar al niño casi termina. ¡Miren! La estrella se ha detenido sobre el pueblo de Belén.

Segundo sabio: Creo que fue un error reunirnos con el rey Herodes en Jerusalén. Parecía muy turbado porque estábamos buscando el recién nacido rey de los judíos.

Tercer sabio: A Herodes no le gustó que hayamos visto la estrella del niño en el oriente y hayamos venido a adorarlo.

Primer sabio: Yo escuché que se había reunido con el principal sacerdote y los maestros en Jerusalén para preguntarles dónde nacería el Mesías.

Segundo sabio: Y yo escuché que le dijeron a Herodes que el Mesías vendría de Belén.

Tercer sabio: Bueno, yo creo que fue algo sospechoso que quisiera reunirse con nosotros en secreto. Nos dijo que fuéramos y buscáramos cuidadosamente por el niño, para ir a adorarle también. ¡No! ¡Yo no confío en él!

Primer sabio: Presten atención, compañeros. Ahora estamos en las calles de Belén. ¿Cúal lugar está bajo la estrella?

Segundo sabio: ¡Este! ¡Estoy seguro! Voy a tocar a la puerta. No se olviden de los regalos.

Pida a sus estudiantes que sostengan a los sabios en una mano, y levanten a María y José con la otra.

José: ¿Quién anda por ahí?

Tercer sabio: Somos sabios que han venido en busca del recién nacido rey de los judíos. Hemos visto su estrella en el oriente y venimos a adorarlo.

José: Pueden pasar.

María: Aquí está el niñito Jesús.

Primer sabio: Nos arrodillamos para adorarlo.

Segundo sabio: Traemos como regalos oro, incienso y mirra para el niñito.

María: ¡Son regalos muy hermosos! Gracias por venir de tan lejos para visitar a nuestro hijo.

José: Gracias. Han sido muy buenos con nosotros por traerle regalos a nuestro hijo.

Tercer sabio: No hay de qué.

José: Que les vaya en paz su jornada de regreso a su hogar.

Primer sabio: En un sueño nos advirtieron que debíamos cuidarnos del rey Herodes.

Segundo sabio: Regresaremos a casa por un camino diferente.

Tercer sabio: Le diremos a otras personas sobre este niño que ha nacido para ser el Salvador de todas las personas.

Concluya el tiempo de la historia. Pida a sus estudiantes que hagan decir a los sabios de oriente: *"Vimos su estrella en el oriente y hemos venido a adorarlo"* **Mateo 2:2**

Diga: Jesús es el Salvador enviado por Dios para toda la gente en todos los lugares de la Tierra, las del norte, las del sur, las del este y las del oeste.

Sus estudiantes se pueden llevar los juegos de la escena de Navidad, pero anímeles a que los pongan en un lugar de la casa donde toda la familia los pueda admirar.

Escoja una o más actividades para sumergir a sus estudiantes en la historia bíblica.

Materiales:
Reproducible 6B
hilo de tejer
cinta adhesiva
tijeras

Accesorios de Zona®:
ninguno

Recorta una estrella

Haga fotocopias del **Reproducible 6B** el patrón del adorno en forma de estrella. Pida a sus estudiantes que recorten sus cuatro estrellas. Anímeles a que recorten con cuidado.

Ahora, pídales que monten las cuatro estrellas, una sobre la otra, para que coincidan las orillas. Una las estrellas de manera vertical engrapándolas dos veces por el centro. Corte pedazos de hilo de tejer de 12 pulgadas de largo para cada estudiante. Haga que sus estudiantes formen los colgantes para sus adornos doblando el pedazo de hilo por el centro para hacer un lazo, luego que coloquen las puntas sobre las grapas, y halen el lazo de hilo de tejer para que pase sobre la parte superior de la estrella. Asegure las puntas del hilo a la estrella con cinta adhesiva.

Despliegue los lados de la estrella doblando hacia arriba y hacia abajo.

Diga: Los sabios que venían de muy lejos siguieron la estrella para hallar a Jesús. Dios envió a Jesús para ser el Salvador de toda la gente en todas partes del mundo.

Materiales:
Biblia
tocadiscos de discos compactos
etiquetas engomadas en forma de estrella
opcional: grabación de "Del Oriente somos"
papel
tijeras

Accesorios de Zona®:
disco compacto

Búsqueda de estrellas

Antes de la clase, coloque cinco etiquetas engomadas de estrella alrededor del salón. No presione mucho las etiquetas a las superficies, o sus estudiantes no podrán despegarlas. (Si no tiene, recorte estrellas de papel).

Comience diciendo el versículo bíblico: "Vimos salir su estrella y hemos venido a adorarlo" (Mateo 2:2). Pida a sus estudiantes que lo repitan. Ahora explique que van a salir en búsqueda de estrellas. Diga que pueden encontrar cinco estrellas. Cuando alguien encuentre una estrella, deben decir la primera parte del versículo: "Vimos salir su estrella". Después pueden poner la estrella en sus manos o su ropa. Mientras sus estudiantes buscan, pueden escuchar el cántico "Del Oriente somos", o algún otro cántico del disco compacto.

Cuando hayan encontrado todas las estrellas, reúnales y pídales que repitan después de usted: "… y hemos venimos a adorarlo".

Diga: Los sabios de oriente no eran judíos como los pastores, y no vivían en Israel. Ellos vinieron del oriente para adorar a Jesús. La visita de los sabios de oriente nos ayuda a entender que Dios envió a Jesús para ser el salvador de toda la gente en todas partes del mundo.

 **de Vida**

Escoja una o más actividades para que la Biblia cobre significado en la vida diaria.

Canta y celebra

Enseñe a sus estudiantes "Ha nacido el niño Dios" (**disco compacto, pista 8**), un canto francés de Navidad. Luego enséñeles el "Noel africano" (**disco compacto, pista 5**), que es un canto de Navidad de Liberia (África). Explique que, dado que hay cristianos y cristianas por todo el mundo, tenemos música y tradiciones de muchas culturas. Muestre el libro y/o adornos que usted tenga. Anime a sus estudiantes a que platiquen lo que conocen de las tradiciones de Navidad en otras culturas o países.

Materiales:
tocadiscos de discos compactos
opcional: un libro mostrando tradiciones de Navidad alrededor del mundo y/o adornos de Navidad de otras naciones

Accesorios de Zona®:
disco compacto

Ha nacido el niño Dios

¡Ha nacido el niño Dios,
toquen las flautas y los tambores!
¡Ha nacido el niño Dios,
alabemos al Salvador!

La profética anunciación
del Mesías que espera el pueblo
se ha cumplido con precisión:
¡ha llegado la salvación!

¡Ha nacido el niño Dios,
toquen las flautas y los tambores!
¡Ha nacido el niño Dios,
alabemos al Salvador!

¡Oh, cuán bella es la tierna faz
de este niño que trajo el cielo!
Su hermosa humanidad
es regalo de eternidad.

¡Ha nacido el niño Dios,
toquen las flautas y los tambores!
¡Ha nacido el niño Dios,
alabemos al Salvador!

El Creador de todo ser,
como niño viene a nosotros.
Al Creador de todo ser
alabémosle al nacer.

¡Ha nacido el niño Dios,
toquen las flautas y los tambores!
¡Ha nacido el niño Dios,
alabemos al Salvador!

LETRA: Villancico tradicional de Francia, siglo XIX; trad. de J. Alonso Lockward
MÚSICA: Villancico tradicional de Francia, siglo XVIII; arm. de Carlton R. Young
Trad. © 1996 Abingdon Press; arm. ã 1989 The United Methodist Publishing House, admin. por The Copyright Company, Nashville, TN 37212

Noel africano

Cántale, cántale, Noel, Noel
Cántale, cántale, Noel, Noel

Cántale a Noel
Cántale a Noel
Cántale a Noel
Cántale a Noel (Noel, Noel)

Cántale a Noel (Noel, Noel)

Cántale, cántale, Noel, Noel
Cántale, cántale, Noel, Noel

LETRA: Canción folklórica de Liberia; trad. por Julito Vargas
MÚSICA: Canción folklórica de Liberia
Trad. © 2008 Abingdon Press, admin. por The Copyright Co., Nashville, TN 37212

PRIMARIOS MENORES: LECCIÓN 6

 de Vida

Escoja una o más actividades para que la Biblia cobre significado en la vida diaria.

Materiales:
un paquete de ocho onzas de queso crema
tres cucharadas de cocoa
tres tazas de azúcar para repostería
½ cucharada de vainilla
chispitas de dulce
vasitos de papel

Accesorios de Zona®:
ninguno

Trufas de chocolate sin hornear

Prepare las trufas antes de la clase. Ablande el queso crema y mezcle la vainilla y la cocoa en polvo. Añada el azúcar para repostería, una taza a la vez.

Haga bolas de la mezcla de una pulgada y cubra cada bola con chispitas. Colóquelas en los vasitos de papel. Refrigérelos hasta que sea tiempo para servirlos.

Reparta las trufas de chocolate como un regalo para sus estudiantes.

Diga: Ésta es una temporada para enviar regalos. El regalo de Dios para nosotros fue Jesús, que también fue enviado para todas la gente en todas partes del mundo.

Materiales:
ninguno

Accesorios de Zona®:
ninguno

¡Muy bien hecho sabios!

Reúna a sus estudiantes formando un círculo.

Diga: Los sabios viajaron de muy lejos para visitar al niñito Jesús. ¡Muy bien hecho sabios!

Dirija a sus estudiantes para recitar esta rima actuada:

¡Muy bien hecho, sabios, por tan lejos viajar! (*marchen en su lugar*)

¡Muy bien hecho, sabios, por la estrella dejarse guiar! (*apunten a una estrella imaginaria*)

¡Muy bien hecho, sabios, por tan sabios ser! (*coloque sus manos sobre la cabeza*)

¡Y por finalmente al niñito Jesús con sus ojos ver! (*señale sus ojos con el dedo índice y arrodíllese*).

Pida a sus estudiantes que cierren sus ojos para orar.

Ore: Amado Dios, gracias por enviar a los sabios de oriente para ver a Jesús y gracias por enviar a Jesús, nuestro Salvador, para toda la gente en todos los lugares. Amén.

Haga un copia de Zona Casera® para cada estudiante en su clase.

ZONA BÍBLICA®

# Casera para padres

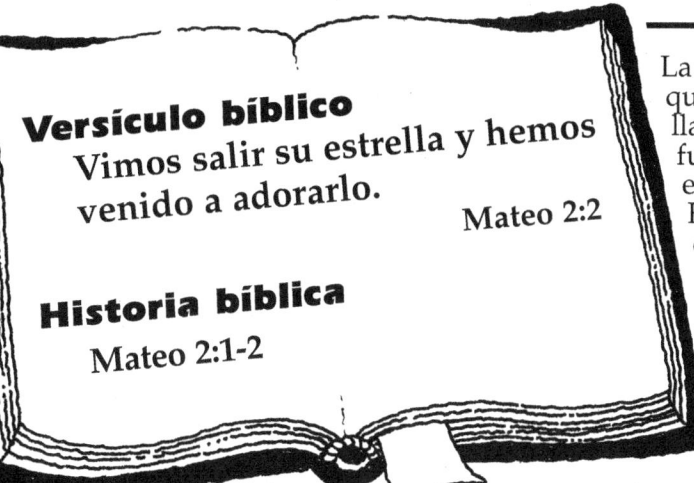

Versículo bíblico
Vimos salir su estrella y hemos venido a adorarlo.   Mateo 2:2

Historia bíblica
Mateo 2:1-2

La lección de hoy se concentró en los sabios que partieron de oriente siguiendo una estrella en busca de Jesús. Lo más probable es que fueran filósofos o astrólogos. Estos sabios eran gentiles que vinieron del oriente. En Epifanía –que significa "manifestación"– celebramos la visita de los hombres sabios y que Jesús fue enviado por Dios para ser el Salvador de toda la gente en todas partes del mundo. La tradición dice que la idea de presentar regalos en tiempo de Navidad surgió de la acción de los sabios de oriente de presentar regalos al niñito Jesús. Conforme los días de celebración van pasando, los padres se enfrentan a la lucha de animar a sus hijos e hijas a dar las gracias por los regalos que recibieron. Con un acercamiento no fastidioso, una idea como la de abajo ("Fiesta para tarjetitas de dar las gracias"), ayude a sus hijos o hijas a entender la importancia de dar gracias por los regalos recibidos ya sean pequeños o grandes.

Fiesta para tarjetitas de gracias

¡Haga que esta importante tarea sea divertida convirtiéndola en una fiesta! Coloque materiales para escribir, incluyendo papel festivo y marcadores o bolígrafos, estampillas, un directorio, y un refrigerio que no sea pegajoso como pretzels y ginger ale. Toque su disco compacto favorito de Navidad y disfruten la compañía el uno del otro mientras escriben esas tarjetitas de dar las gracias.

Trufas de chocolate sin hornear

Esta es la receta para este divertido proyecto familiar: Un paquete de ocho onzas de queso crema, tres cucharadas de cocoa, tres tazas de azúcar para repostería, ½ cucharada de vainilla, chispitas de dulce. También necesitará vasitos de papel.

Ablande el queso crema y mezcle la vainilla y la cocoa en polvo. Añada el azúcar para repostería, una taza a la vez.

Haga bolas de la mezcla de una pulgada y cubra cada bola con chispitas. Colóquelas en los vasitos de papel y refrigérelos. Sírvalos en una fiesta de Navidad o repártalos como regalos.

Jesús es el Salvador enviado por Dios para la gente en todo el mundo.

Permiso de fotocopiado otorgado para el uso de la iglesia local. © 2008 Abingdon Press.

SABIO DE ORIENTE

SABIO DE ORIENTE

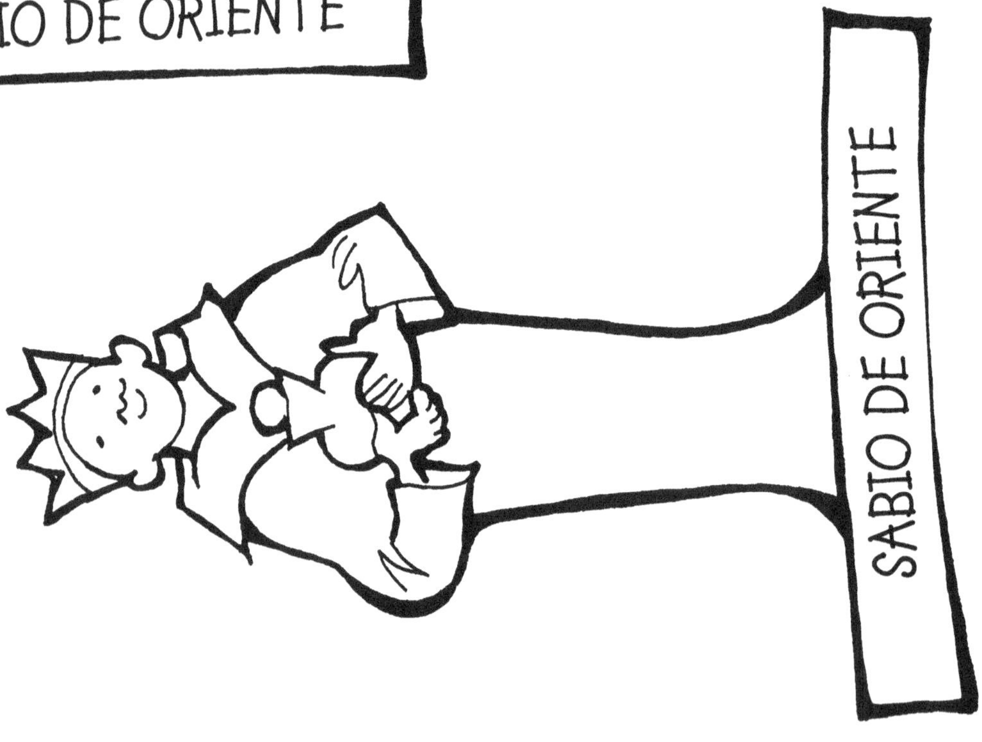

SABIO DE ORIENTE

Reproducible 6A

Zona Bíblica®

Permiso de fotocopiado otorgado para el uso de la iglesia local. © 2008 Abingdon Press.

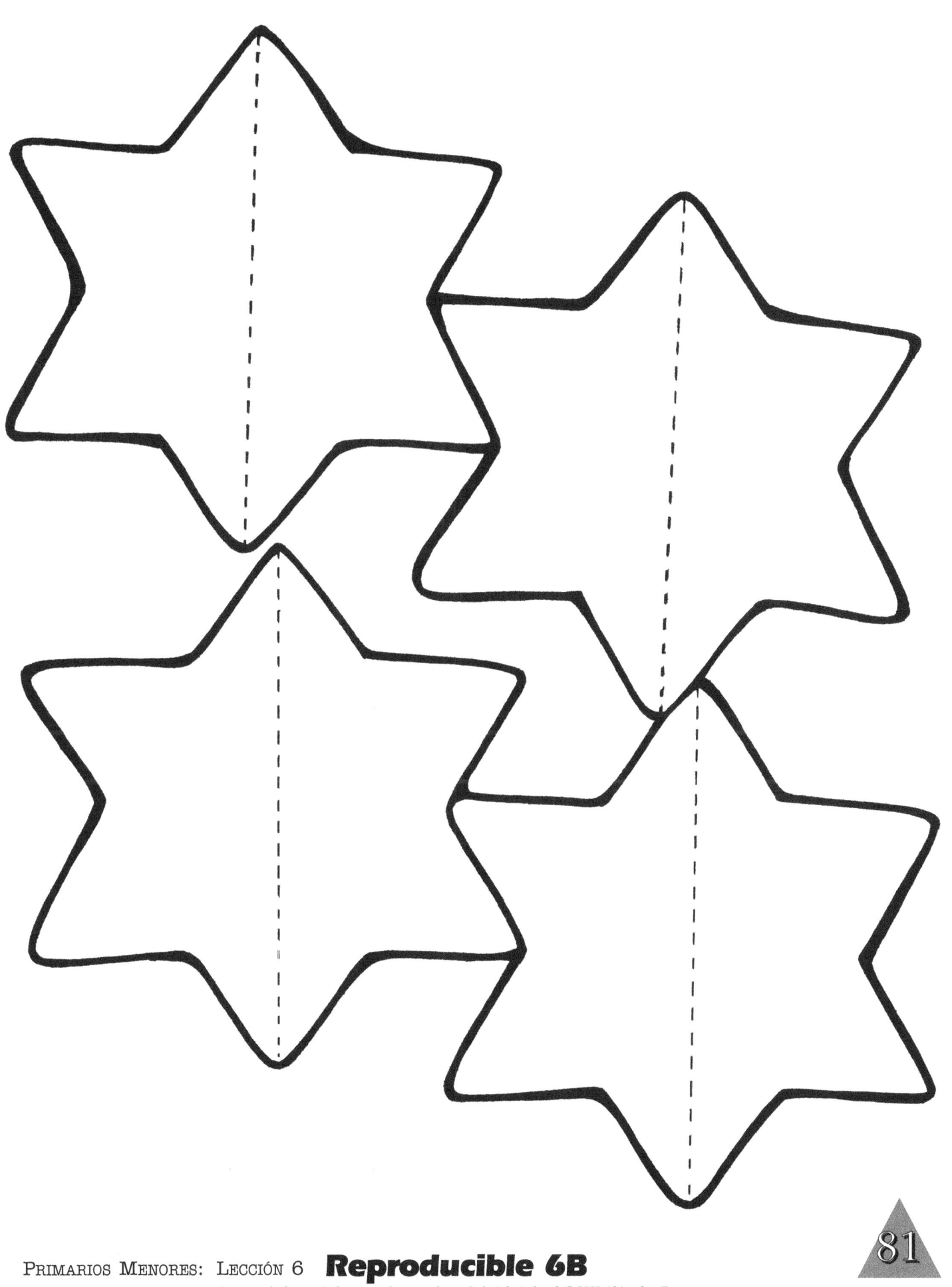

Primarios Menores: Lección 6 **Reproducible 6B**
Permiso de fotocopiado otorgado para el uso de la iglesia local. © 2008 Abingdon Press.

Samuel unge a David

Entra a la ZONA

Versículo bíblico

El hombre se fija en las apariencias, pero yo me fijo en el corazón.

1 Samuel 16:7

Historia bíblica
1 Samuel 16:1-13

Belén había sido el lugar donde había ocurrido un evento muy significativo en la Biblia, mucho antes del nacimiento de Jesús. Dios no estaba muy contento con la conducta del rey Saúl, así que le dijo a Samuel que consagrara a un nuevo rey. Samuel fue enviado a Belén a conocer a los hijos de Isaí. El hijo mayor de Isaí era Eliab, un hombre alto y bien parecido. Pero Dios le dijo a Samuel "Yo lo he rechazado. No se trata de lo que el hombre ve; pues el hombre se fija en la apariencia, pero yo me fijo en el corazón".

Isaí presentó a siete de sus hijos, pero ninguno de ellos era el escogido. Entonces Samuel preguntó "¿No tienes más hijos?" Cuando David se presentó, Dios le dijo a Samuel que éste era el escogido. Por consiguiente, Samuel ungió a David con aceite de oliva, y el Espíritu de Dios vino sobre David. En el Antiguo y el Nuevo Testamento se menciona a David más de mil veces, y sus luchas y triunfos lo hacen un personaje muy interesante y real.

Hemos escuchado frases tales como: "Tu cara es tan chistosa como la de un mono"; "¿por qué tienes ese lunarzote en tu brazo?"; "¡ten cuidado gordo!" Los pequeños pueden ser crueles. Pero las personas adultas también son culpables de juzgar a otros por su apariencia. Las palabras de Dios a Samuel se podrían poner en un anuncio grande. Utilice la lección de hoy para ayudar a sus estudiantes a entender que Dios mira nuestros corazones y quiere que nosotros también miremos en los corazones de las personas en que nos rodean.

"¡Estas calificaciones son las peores!"; "¿Por qué siempre interrumpes la clase?"; "¿No puedes ser más cuidadoso?". Como maestros o maestras, como papás y mamás, y como líderes, sentimos que nuestro trabajo es formar a las nuevas generaciones. Pero criticar de manera insensible no es la forma de hacerlo. Dios ama a todos los niños y las niñas del mundo tal cual son, nosotros también debemos amarles. Nosotros tenemos la responsabilidad de guiarles y ayudarles a conducirse de maneras apropiadas, pero debemos hacerlo de tal manera que cada niño y niña pueda entender que son creación maravillosa de Dios. Cuando los niños y niñas se sienten mejor consigo mismos, se comportan mucho mejor.

Dios nos ama tal cual somos.

Vistazo a la

ZONA	TIEMPO	MATERIALES	ACCESORIOS DE ZONA
Acércate a la ZONA			
Tiempo de llegada	5 minutos	Reproducible 7A; papel para envolver, papel tapiz, o papel de colores; tijeras; pegamento; recortes de papel; cinta adhesiva, crayones, hilo de tejer	ninguno
Espejito, espejito	5 minutos	ninguno	collares de esferas
Zona Bíblica			
Coronado de buen carácter	5 minutos	ninguno	corona de terciopelo
Primera escena	5 minutos	pedazo de tiza	pizarra de director
El misterio del elegido	5 minutos	ninguno	ninguno
Mira al corazón	5 minutos	Reproducible 7B, Biblia, papel aluminio, crayones, tijeras, cinta adhesiva	ninguno
En una rodada	5 minutos	ninguno	dado de hule espuma
Zona de Vida			
Canta y celebra	5 minutos	Biblia, tocadiscos de discos compactos,	disco compacto
Probar y ungir	5 minutos	pan, aceite de oliva, tazón grande, tazones pequeños, servilletas, pañuelos desechables	ninguno
Despedir al oso	5 minutos	bolígrafo o marcador	oso con la Biblia

Los Accesorios de Zona® se encuentran en el **Paquete de DIVERinspiración®**.

PRIMARIOS MENORES: LECCIÓN 7

Acércate a la ZONA

Escoja una o más actividades para capturar el interés de sus estudiantes.

Materiales:
Reproducible 7A
crayones
hilo de tejer
papel tapiz, papel de colores o papel para envolver
pegamento
cinta adhesiva
tijeras

Accesorios de Zona®:
ninguno

Tiempo de llegada

Antes de la clase, haga fotocopias del **Reproducible 7A** ("¡Yo!") para cada estudiante. Salude a cada estudiante conforme vayan entrando al salón.

Diga: ¡Bienvenido/a! *(nombre del o la estudiante)*. **¡Estoy muy feliz de verles tal cual son!**

Invite a sus estudiantes a decorar la figura para que se parezcan a ellos mismos. Corten papel para envoltura, papel tapiz, y/o papel de colores en trozos pequeños para usarlos como ropa. Puesto que el pelo de hilo de tejer puede ser difícil de pegar, anímeles a que lo aseguren con cinta adhesiva. Cuando hayan terminado, recoja las figuras. Vaya levantándolas una a la vez, e invite a sus estudiantes a adivinar a quién representa cada una de las figuras.

Diga: ¡Se ven muy bien! **Dios ha hecho a cada una/uno de ustedes como una maravillosa persona. ¡Y Dios les ama tal cual son! ¡Y yo también!**

Materiales:
ninguno

Accesorios de Zona®:
collares de esfera

Espejito, espejito

Reúna a sus estudiantes formando un círculo y entrégueles los **collares de esferas**.

Diga: Estos collares de esferas no son espejos, pero sí reflejan los colores que estamos usando. Hoy vamos a imaginar que son espejos. Conforme vayamos alrededor del círculo, levanten su collar y digan: "Espejito, espejito, esto es lo que más me gusta". Y luego dígannos algo que a ustedes les gusta sobre ustedes mismos cuando se miran al espejo.

Si sus estudiantes no mencionan nada, ayúdeles mencionando alguna de su características. Cuando todos hayan tenido su turno, diga algo que a usted le guste sobre su apariencia. Pídales que se pongan los collares.

Diga: Es bonito mirar en el espejo y sentirse contentos por cómo nos vemos, pero ahora vamos a decir algo sobre nosotros mismos que ustedes no pueden ver en el espejo. Por ejemplo, pueden decir que son buenos corredores, o un amigo muy bueno, o que ustedes saben de memoria todas las capitales de los estados.

Cuando todos hayan tenido su turno, diga algo que a usted le guste sobre usted misma.

Diga: Dios nos ama tal cual somos, y no importa cómo nos veamos por fuera. ¡Dios mira en nuestro interior!

Escoja una o más actividades para sumergir a sus estudiantes en la historia bíblica.

Coronado de buen carácter

Materiales:
ninguno

Accesorios de Zona®:
corona de terciopelo

Cada semana usted va a usar la **corona de terciopelo** para ayudar a sus estudiantes a pensar en un aspecto del carácter que se relacione con la historia. Póngase la corona.

Diga: Soy el rey/reina (*su nombre*), **y una de mis cualidades que me hace ser una buena reina/rey es que soy** (*mencione alguna cualidad como inteligente, activa, amable, o sensible. Pida a sus estudiantes que tomen su turno para ponerse la corona y decir la cualidad que les haría buenos reyes o reinas*). **En la historia bíblica de hoy vamos a aprender por qué Dios eligió a un jovencito llamado David para ser rey.**

Primera escena

Materiales:
pedazo de tiza

Accesorios de Zona®:
pizarra de director

Diga: Si alguna vez han leído un libro o visto una película de misterio, ustedes saben que un misterio es un rompecabezas. Conforme avanza la historia, se les van dando pequeños pedazos de información, que son como las piezas de un rompecabezas. Ustedes recuerdan y piensan en estas cosas mientras tratan de resolver el misterio. Cuando el misterio termina, todos los pedazos de información se acomodan como en un rompecabezas. La historia de hoy es un misterio. ¡Nos vamos a preparar para ella en este momento!

Pase la **pizarra de director** para que sus estudiantes la examinen. Ahora, escriba sobre la pizarra con la tiza. Para "Producción" escriba *Misterio*; para "Director" escriba su nombre; para "Cámara" escriba *Zona B*; para "Fecha" escriba la fecha de hoy; para "Escena" escriba *1*; y para "Toma" escriba *1*. muestre la pizarra a sus estudiantes mientras lee en voz alta.

Diga: En la historia de hoy, Samuel está buscando al hombre que Dios ha escogido para ser el próximo rey. Ustedes fueron elegidos por Dios para ser hijos e hijas de Dios. Dios quiere que ustedes sean estrellas en sus propias vidas. Así que, al igual que en las películas vamos a hacer una prueba para la cámara. Una prueba para la cámara le da a cada actor la oportunidad de hablar y sonreír a la cámara. Yo voy a sostener la pizarra frente a su rostro, voy a hacer clic, y luego la quitaré. Cuando yo les pregunte: "¿Quién eres?", ustedes me van a responder: "Mi nombre es (*diga su nombre*), **y soy un hijo o hija de Dios" y después van a sonreír hacia la cámara.**

Termine haciendo una prueba de cámara de usted misma/o.

Diga: ¡Todos salieron muy bien en su prueba de cámara! ¡Dios les ama tal cual son!

PRIMARIOS MENORES: LECCIÓN 7

Historia de la 

El misterio del elegido

Por Lisa Flinn y Barbara Younger

Reúna a sus estudiantes formando un círculo.

Diga: Nuestro Dios es un Dios de misterio. Nosotros no entendemos todas las cosas que Dios hace. Tampoco entendía la gente de los tiempos bíblicos. Incluso Samuel, el profeta de Dios, no entendió el plan de Dios para Israel. En la historia de hoy, Samuel está tan intrigado como cualquier otra persona, sobre quién sería la persona que Dios escogería para ser el nuevo rey. Todos van a participar en la historia, cuando yo los señale, ustedes dirán: "¿Quién es el elegido?"

Practique esto con sus estudiantes.

Luego comience la representación que sigue, modulando su voz de acuerdo con las partes que está leyendo.

Dios: ¡Samuel! Yo soy el Señor, tu Dios, y tengo una importante tarea para ti.

Samuel: Señor, yo soy tu profeta y tu siervo.

Dios: He decidido que Saúl ya no será el rey de Israel. Es tiempo de elegir a un nuevo rey.

Samuel: ¿Qué quieres que haga?

Dios: Quiero que llenes tu cuerno de carnero con aceite de oliva.

Samuel: ¿Para qué?

Dios: Para que puedas ungir a uno de los hijos de Isaí.

Coro de la clase: ¿Quién es el elegido?

Samuel: Pero, Señor, esto es peligroso.

Dios: Solamente ve a Belén.

Samuel: El rey Saúl se va a enterar de lo que voy a hacer, ¡y me va a matar!

Dios: Diles a todos que vas a hacer un sacrificio para mí. Invita a Isaí y a sus hijos para que vayan contigo.

Samuel: Señor, ya estoy en Belén. He invitado a los ancianos de este pueblo, a Isaí y a sus hijos.

Dios: Muy bien. Te voy a guiar para que elijas al nuevo rey de entre estos hijos de Isaí.

Coro de la clase: ¿Quién es el elegido?

Samuel: Pasa, adelante, Eliab.

Dios: Déjalo pasar.

Samuel: Pero él parece perfecto para ser rey.

Dios: No. No, es él. El hombre mira lo que está delante de sus ojos, pero Jehová mira el corazón. Llama al segundo hijo.

Coro de la clase: ¿Quién es el elegido?

Samuel: Aminadab, pasa delante de mí.

Dios: Este hombre no es el elegido.

Coro de la clase: ¿Quién es el elegido?

Samuel: Samá, pasa delante de mí.

Dios: Este hombre no es el elegido.

Coro de la clase: ¿Quién es el elegido?

Samuel: Isaí, trae a cada uno de tus hijos delante de mí.

Dios: No quiero al cuarto hijo tampoco.

Coro de la clase: ¿Quién es el elegido?

Samuel: Isaí, envía al siguiente.

Dios: Tampoco quiero al quinto hijo.

Coro de la clase: ¿Quién es el elegido?

Samuel: Envía al siguiente hijo.

Dios: Tampoco quiero al sexto hijo.

Coro de la clase: ¿Quién es el elegido?

Samuel: Envía al último de tus hijos.

Dios: Tampoco quiero al séptimo hijo.

Coro de la clase: ¿Quién es el elegido?

Samuel: ¡Éste es un gran misterio! Dios no eligió a ninguno de los hijos de Isaí.

Dios: Pregunta a Isaí si tiene algún otro hijo.

Samuel: Isaí, ¿no tienes más hijos? Ve y trae al hijo que falta.

Coro de la clase: ¿Quién es el elegido?

Dios: Sé paciente Samuel. Ese hijo está en las colinas cuidando a las ovejas.

Coro de la clase: ¿Quién es el elegido?

Samuel: Pastorcito, ven delante de mí.

Dios: El elegido es el más joven de los hijos de Isaí, cuyo nombre es David.

Samuel: Gracias, Señor, por guiarme a través de este misterio.

Dios: Samuel, levántate y unge al futuro rey de Israel. Derrama el aceite de oliva que traes en tu cuerno de carnero sobre su cabeza.

Samuel: Ya está hecho Señor.

Dios: Ahora voy a enviar mi Espíritu sobre David.

Escoja una o más actividades para sumergir a sus estudiantes en la historia bíblica.

Materiales:
Reproducible 7B
Biblia
papel aluminio
tijeras,
pegamento
crayones

Accesorios de Zona®:
ninguno

Mira al corazón

Diga el texto bíblico: "El hombre se fija en las apariencias, pero yo me fijo en el corazón" (1 Samuel 16:7). Pida a sus estudiantes que lo repitan.

Antes de la clase haga fotocopias del **Reproducible 7B**, "Mira al corazón", para cada estudiante y uno adicional. Recorte el corazón de la copia adicional para usarlo como patrón. Use el patrón para recortar otros corazones en papel aluminio, uno para cada estudiante.

Comience recordando a sus estudiantes que Dios le dijo a Samuel que la gente juzga a los demás por la forma como se ven. Ayude a sus estudiantes a considerar su apariencia externa mencionando primero el color de su cabello, luego el color de sus ojos, luego algunos detalles como hoyuelos en las mejillas, rizos, lunares o algún detalle especial.

Diga: Reconocemos a otras personas por la manera como se ven. También tendemos a pensar sobre otras personas por su apariencia. Sin embargo, Dios no juzga a la gente por la forma como se ven. Más bien, Dios nos juzga por lo que hay en nuestro corazones. Para ayudarnos a recordar esto, vamos a hacer un espejo especial.

Entregue a sus estudiantes las fotocopias de el marco del espejo, pídales que las decoren. Entrégueles los corazones de papel aluminio y pídales que lo peguen con la parte brilloso hacia arriba, dentro del borde del corazón que está dentro del marco. Pídales que se miren en sus espejos de aluminio.

Diga: Ustedes pueden ver su reflejo borroso ahí porque este espejo está hecho para que piensen sobre los sentimientos que están en sus corazones. Cada uno de ustedes deberá trabajar con ahínco para tener un corazón hermoso, pero recuerden que Dios les ama tal como son.

En una rodada

Materiales:
ninguno

Accesorios de Zona®:
dado de hule espuma

Reúna a sus estudiantes formando un círculo. Entrégueles un **dado de hule espuma** a cada estudiante. Explique que el grupo va a jugar un juego donde cada persona dirá varias cosas sobre él o ella que no están relacionadas con su apariencia.

Dé ejemplos sobre cualidades como: lealtad, amabilidad, humor, y curiosidad; o de pasatiempos como: coleccionar rocas, leer tiras cómicas, y tocar el piano; o de deportes como: bicicleta, patineta, montar caballo, o juegos de pelota.

Comience haciendo que uno de sus estudiantes tire un dado. Diga en voz alta el número en que caiga, y que ahora el niño o la niña diga ese número de cosas sobre él o ella. Que todos tengan su oportunidad.

Diga: Hemos aprendido cosas nuevas sobre cada uno de nosotros, cosas que no podríamos saber simplemente al mirarnos los unos a los otros. Dios quiere que comprendamos que la gente es mucho más que su apariencia.

 de Vida

Escoja una o más actividades para que la Biblia cobre significado en la vida diaria.

Canta y celebra

Pregunte: ¿Dónde estaba David cuando Samuel quiso conocerlo? (*cuidando las ovejas de su padre*). **Dios llamó a David, un pastor, para que fuera un gran líder y rey. Las ovejas y los pastores se mencionan a través de toda la Biblia. ¿Conocen algún Salmo donde se compara a Dios con un pastor?** (*Salmo 23*).

Muestre a sus estudiantes dónde se encuentra el Salmo 23 en la Biblia; después lea el Salmo.

Diga: David escribió algunos de los Salmos. Muchos estudiosos creen que él escribió éste. Vamos a aprender un canto basado en el Salmo 23.

Ponga "El Señor mi pastor es" (**disco compacto, pista 10**). Luego dirija a sus estudiantes para cantarlo.

Materiales:
Biblia
tocadiscos de discos compactos

Accesorios de Zona®:
disco compacto

El Señor mi pastor es

El Señor mi pastor es,
camina conmigo.

El siempre me ama,
va conmigo siempre.

Siempre, siempre, va conmigo siempre.
Siempre, siempre, va conmigo siempre.

LETRA: Salmo 23; trad. por Marta L. Sanfiel
MÚSICA: Tradicional
Trad. © 1996 Cokesbury, admin. por The Copyright Company, Nashville, TN 37212

PRIMARIOS MENORES: LECCIÓN 7

 de Vida

Escoja una o más actividades para que la Biblia cobre significado en la vida diaria.

Materiales:
pan
aceite de oliva
tazón grande
tazones pequeños
servilletas
pañuelos desechables

Accesorios de Zona®:
ninguno

Probar y ungir

Corte trozos de pan. Coloque los trozos en un tazón grande. Un tipo de pan como el francés es mejor. Vierta un poco de aceite de oliva en los tazones pequeños.

Pregunte: ¿Han comido olivas (aceitunas)? Las olivas se pueden triturar para sacar aceite. El aceite se usa para cocinar. Vamos a probarlo (*invite a sus estudiantes a remojar el pan en el aceite de oliva*). **En los tiempos bíblicos el aceite de oliva también se usaba como combustibles en las lámparas y en las ceremonias, como cuando Samuel ungió a David. El aceite de oliva también era usado para ungir a las personas que estaban enfermas. En otras ocasiones, una persona ungiría a sus invitados con aceite de oliva como señal de amistad. Hoy nosotros nos vamos a ungir como señal de amistad.**

Pida a sus estudiantes que se agrupen por parejas. Sostenga un tazón con aceite de oliva. Invite a que una pareja a la vez venga adelante. Uno de sus estudiantes mojará su pulgar en el aceite y lo colocará sobre la frente del otro, y dirá: "Te unjo con aceite de oliva como símbolo de amistad". Luego, el otro estudiante ungirá al primero. Invite a uno de sus estudiantes a que también le unjan a usted. Use los pañuelos desechables para limpiar el aceite de los dedos.

Diga: Como señal de amistad, nos aceptamos tal como somos. ¡Dios también nos ama tal como somos!

Materiales:
bolígrafo o marcador

Accesorios de Zona®:
oso con la Biblia

Despedir al oso

Antes de la clase, dibuje un corazón en la primera página del oso con la Biblia. Levante al oso.

Diga: Quiero que conozcan al osito bíblico. ¡Se ve muy feliz porque los quiere a ustedes tal como son! El tiene algo en su Biblia que quiere que vean (*pasen a la osito bíblico de estudiante en estudiante, y diciendo: "¡Ssss! No digan a nadie lo que han visto". Levante otra vez al osito bíblico*). **¿Qué símbolo ven en su Biblia? (un corazón). Dios quiere mirar en nuestros corazones y ver que tenemos buenos pensamientos.**

Muestre a sus estudiantes cómo formar un corazón con sus manos: las palmas de las manos tocándose en la parte de abajo y los dedos curvados hacia adentro y tocándose en la parte de arriba. Pida a sus estudiantes que sostengan sus manos en esta forma mientras usted hace la oración final.

Ore: Amado Dios, ¡estamos felices porque tú nos amas tal como somos! ¡Ayúdanos a tener buenos corazones! Amén.

Haga una copia de Zona Casera® para cada estudiante en su clase.

Zona Bíblica®

# Casera para padres

Versículo bíblico
El hombre se fija en las apariencias, pero yo me fijo en el corazón.
1 Samuel 16:7

Historia bíblica
1 Samuel 16:1-13

Belén había sido el lugar donde había ocurrido un evento muy significativo en la Biblia, mucho antes del nacimiento de Jesús. Dios no estaba muy contento con la conducta del Rey Saúl, así que le dijo a Samuel que consagrara a un nuevo rey. Samuel fue enviado al pueblo de Belén para conocer a los hijos de un campesino llamado Isaí. Dios eligió al hijo más joven de Isaí, David, para ser el próximo rey. En el Antiguo y el Nuevo Testamento se menciona David más de mil veces, sus luchas y triunfos lo hacen un personaje muy interesante y real para pequeños y adultos.

El versículo bíblico de esta semana nos recuerda que Dios no mira la apariencia externa, sino los corazones. Ayude a reforzar esta idea mientras habla sobre la gente con la que usted y su hijo o hija se relacionan. Y mientras lo hace, recuerde a su hijo o hija que aunque Dios quiere que nos esforcemos para ser mejores cada día, ¡Dios nos ama tal cual somos!

Oración del corazón

El versículo bíblico de hoy nos recuerda que Dios mira nuestros corazones. Dialogue sobre esta idea, después comparta esta oración con su familia:

"Amado Señor, tú nos dices que somos más que rodillas raspadas o nuestras primeras canas; más que un diente caído o una boca llena de frenillos; y que somos más que chispeantes ojos y una brillante piel. Tú nos dices que, Tu no nos juzgas por la forma en que nos vemos por fuera. Más bien, tú miras nuestros corazones. Esperamos que cuando veas nuestros corazones, veas pensamientos buenos y bondadoso. Amén".

Estoy pensando en alguien...

Piensen en personas que su familia conoce y las cualidades que hacen que cada persona sea única, mientras realiza el juego de adivinar. Los jugadores toman su turno diciendo: "Estoy pensando en alguien..." y entonces diga una pista sobre esa persona. Por ejemplo: "Estoy pensando en alguien que tiene una gran sonrisa", o "estoy pensando en alguien que hace las galletas más sabrosas", o "Estoy pensando en alguien que puede lanzar el balón muy lejos".

Dios nos ama tal cual somos.

Permiso concedido de fotocopiar para el uso de la iglesia local. © 2008 Abingdon Press.

PRIMARIOS MENORES: LECCIÓN 7

¡Yo!

¡Dios me ama tal cual soy!

Reproducible 7A

Espejo de corazón

David el músico

Entra a la Zona

Versículo bíblico
¡Alábenlo con toque de trompetas!
¡Alábenlo con arpa y salterio!
                    Salmo 150:3

Historia bíblica
1 Samuel 16:14-23

La música tuvo mucho que ver en el encuentro entre David y el rey Saúl. El rey sufría de momentos de depresión y agitación debido a un espíritu maligno, y sus oficiales pensaron que la música de un arpa podría calmarlo. Un oficial conocía a un joven de Belén llamado David que tocaba el arpa. Saúl envió un mensaje a Isaí, el padre de David, pidiéndole que le enviara a David. ¡La música de arpa funcionó! Cuando David tocaba, Saúl se tranquilizaba, y su estado de ánimo mejoraba.

David era un hombre de muchos talentos y no solamente podía tocar el arpa, sino también componía sus propias melodías. También escribía poesías para acompañar esas melodías, como su lamento por Saúl y Jonatán. Muchos de los salmos se le han atribuido a David, incluyendo el amado Salmo 23. David hizo arreglos musicales que se usaron en los servicios hebreos de alabanza, y sus planes para el Templo incluyeron la organización de cientos de músicos.

El lema que aparece En la Zona, para la clase de hoy, se enfoca en los sentimientos. ¡Los sentimientos son intrincados! Queremos que nuestros estudiantes se sientan libres para expresar sus sentimientos, sin embargo, muchas veces les decimos que reserven sus lágrimas y enojos. Algunas veces les regañamos si expresan verbalmente sus emociones como celos, enojo, aburrimiento o indiferencia. En la lección de hoy, ayude a sus estudiantes a entender que los seres humanos tienen sentimientos y que esto es normal y aceptable. Lo importante es cómo lidiamos con ellos. Esta lección será más efectiva si da ejemplos concretos de los sentimientos que sus estudiantes pueden experimentar, y sugerencias realistas sobre cómo manejarlos en una manera positiva.

Sus estudiantes responden a la música, y les gustaría escuchar la historia de David y su arpa. Cuando esté enseñando esta lección, tal vez quiera traer una selección de música que exprese diferentes estados de ánimo. Permita que sus estudiantes le digan cómo les hace sentir los diferentes tipos de música. Anímeles a comenzar el hábito de escuchar música como una manera sencilla y positiva de lidiar con sus emociones.

Dios quiere que lidiemos con nuestros sentimientos en maneras positivas.

Vistazo a la

ZONA	TIEMPO	MATERIALES	ACCESORIOS DE ZONA®
Acércate a la ZONA®			
¡Sentimientos!	5 minutos	Reproducible 8A, crayones o marcadores	ninguno
Silba y cascabelea	5 minutos	alcohol medicinal, bolitas de algodón	mini-panderos
Zona Bíblica®			
Coronado de buen carácter	5 minutos	ninguno	corona de terciopelo
Segunda escena	5 minutos	pedazo de tiza	pizarra de director
David toca para el rey: un musical	5 minutos	ninguno	ninguno
¡Alaba a Dios con trompetas!	5 minutos	Reproducible 8B, Biblia, crayones, tijeras, cinta adhesiva	ninguno
En el bolsillo	5 minutos	piedras pequeñas y redondeadas, dos o tres plumas para pintar	ninguno
Zona de Vida			
Canta y celebra	5 minutos	tocadiscos de discos compactos (opcional: selecciones de música adicionales)	disco compacto, mini-panderos
El sonido de la música	5 minutos	ninguno	ninguno
Despide al oso de la Biblia	5 minutos	bolígrafo o marcador	oso de colores, oso con la Biblia

Los Accesorios de Zona® se encuentran en el **Paquete de DIVERinspiración®**.

PRIMARIOS MENORES: LECCIÓN 8

Acércate a la

Escoja una o más actividades para capturar el interés de sus estudiantes.

Materiales:
Reproducible 8A
crayones
marcadores

Accesorios de Zona®:
ninguno

¡Sentimientos!

Antes de la clase, haga fotocopias del **Reproducible 8A** para cada estudiante.

Salude a cada estudiante conforme vayan entrando al salón.

Diga: ¡Hola (nombre)! ¡Déjame ver una gran sonrisa!

Invite a sus estudiantes a dibujar cuatro rostros, uno en cada cuadro, reflejando el sentimiento expresado en el cuadro. Anímeles a mostrar sus dibujos entre ellos.

Diga: Déjenme ver la expresión de su rostro cuando están felices (*pausa*), **tristes** (*pausa*), **preocupados** (*pausa*), **y sorprendidos** (*pausa*). **Todos experimentamos diferentes sentimientos. Dios sabe esto y quiere que lidiemos con nuestros sentimientos en maneras positivas.**

Materiales:
alcohol medicinal
bolitas de algodón

Accesorios de Zona®:
mini-panderos

Silba y cascabelea

Entregue a cada estudiante un **mini-pandero**. Muestre que el mini-pandero también es un silbato. Diga que va a leer una historia. Dígales que hagan sonar el silbato cuando ocurra algo que les haga sentirse enojados. Cuando pase algo que les haga sentirse felices, entonces deben hacer sonar el pandero. Practiquen y después comience.

Diga: Ustedes están listos para ir a nadar cuando de pronto escuchan truenos en el cielo (*pausa*), **así que todos se suben al carro y van a la heladería** (*pausa*). **Pero cuando llegan, la heladería está cerrada** (*pausa*), **así que todos regresan al carro y se van a la pizzería** (*pausa*). **Pero cuando llegan, está muy llena y no hay mesas disponibles** (*pausa*), **así que regresan al carro otra vez y todos se van a la nueva tienda de dulces** (*pausa*). **Pero cuando llegan, la tienda todavía no está abierta** (*pausa*), **así que tienen que regresar al carro para ir al parque de diversiones** (*pausa*). **Y allí todos se suben a todas las carreras varias veces** (*pausa*).

Pregunte: En la vida real, en lugar de usar sus mini-panderos, ¿cuáles son algunas de las maneras negativas en que ustedes pudieron haber reaccionado a las malas noticias de la historia? (*llorar, gritar, quejarse, gimotear, decir malas palabras*). **¿Cuáles son algunas de las maneras positivas en que ustedes pudieron haber reaccionado** (*estar tranquilos, contar hasta diez, orar, pensar en un plan para superar las malas noticias, ver el lado bueno de las cosas*). **Dios quiere que ustedes lidien con sus sentimientos en maneras positivas. Esto significa que cuando nos sucedan cosas negativas, nosotros respondemos de forma cortés, segura y justa.**

Limpie la boquilla de los mini-panderos con una bolita de algodón humedecido en alcohol medicinal.

ZONA BÍBLICA®

Escoja una o más actividades para sumergir a sus estudiantes en la historia bíblica.

Coronado con buen carácter

Coloque la **corona de terciopelo** sobre su cabeza.

Diga: Soy la reina/ el rey *Anímate*. **Una manera en que yo animo a la gente es** (*diga alguna manera de animar a alguien, como darle un abrazo, escribiéndole una nota, cantando una canción divertida, o diciendo una broma*).

Pida a sus estudiantes que tomen turnos para usar la corona y decir alguna manera en la que les gusta animar a las personas.

Diga: En la historia bíblica de hoy David toca su arpa para animar al rey Saúl cuando se sentía afligido.

Materiales:
ninguno

Accesorios de Zona®:
corona de terciopelo

Segunda escena

Diga: ¿Alguna vez han visto un musical o han visto una película a las que se les llaman musicales? Ustedes saben que un musical es una historia que se cuenta con muchas canciones. Hoy vamos a hacer la historia de hoy como un musical, ¡y todos vamos a cantar! Pero primero vamos a preparar nuestras voces.

Saque la **pizarra de director** y la tiza. En la línea de "Producción" escriba *Musical*; en la línea de "Director" escriba su nombre; para la de "Cámara" escriba *Zona B*; en la de "Fecha" ponga la de este día; en la de "Escena" escriba 2; y para la "Toma" escriba 1. Muestre la pizarra a sus estudiantes mientras la lee en voz alta.

Dirija a sus estudiantes en el calentamiento de sus voces cantando "La, la, la, la, la", en la tonada de "Arroz con leche". Hagan esto varias veces.

Ahora, pida a sus estudiantes que busquen una pareja, y que cada pareja tome su turno para calentar sus voces, pero esta vez déjeles usar la pizarra para colocarla en frente de cada uno antes de cantar.

Diga: ¡Ese fue un gran calentamiento! Cantar y tocar música puede ayudarnos a expresar nuestros sentimientos cuando estamos contentos o tristes, preocupados o sorprendidos. Dios quiere que lidiemos con nuestros sentimientos en maneras positivas.

Materiales:
pedazo de tiza (gis)

Accesorios de Zona®:
Pizarra de director

PRIMARIOS MENORES: LECCIÓN 8

Historia de la  Bíblica

David toca para el rey: un musical

Por Lisa Flinn y Barbara Younger

En esta obra musical, usted leerá la parte del rey Saúl y sus oficiales. Para hacer que sus partes suenen musicalmente, cante sus líneas en un estilo rítmico. Para crear el coro, divida a sus estudiantes en dos grupos. El primer grupo será el "Coro preocupado". Este grupo cantará las siguientes líneas en la tonada de "Arroz con leche".
El rey Saúl se siente muy mal,
El rey Saúl se siente muy mal,
¿Nosotros qué podremos hacer?

El rey Saúl se siente muy mal.
El segundo grupo será el "Coro del arpa". Este grupo cantará las siguientes líneas en la tonada de "Feliz cumpleaños a ti".
El arpa hace ting, ting,
El arpa hace ting, ting,
David toca el arpa
Para aliviar al rey.
Practiquen estos coros con los grupos. Diga a sus estudiantes que usted señalará a cada grupo cuando llegue su turno y diríjales en el canto.

Rey Saúl: ¡Oh, hay, uuu! ¡Me siento muy mal!

Coro preocupado:
El rey Saúl se siente muy mal,
El rey Saúl se siente muy mal,
¿Nosotros qué podremos hacer?
El rey Saúl se siente muy mal.

Rey Saúl: Algo no anda bien. Me siento tan mal que me asusta.

Oficiales: Es un espíritu maligno que ha venido sobre usted, oh rey.

Rey Saúl: ¿Un espíritu maligno, dicen?

Oficiales: Sí, un espíritu maligno está perturbándole.

Rey Saúl: ¿Qué puedo hacer para aliviarme?

Coro preocupado:
El rey Saúl se siente muy mal,
El rey Saúl se siente muy mal,
¿Nosotros qué podremos hacer?
El rey Saúl se siente muy mal.

Oficiales: Su majestad, hallemos a alguien que toque bien el arpa.

Rey Saúl: ¿Por qué me dicen esto?

Oficiales: Cuando el espíritu maligno venga sobre usted, este músico puede tocar el arpa y hacerle sentir mejor.

Rey Saúl: ¿Ustedes creen que esto es lo que hay que hacer?

Coro preocupado:
El rey Saúl se siente muy mal,
El rey Saúl se siente muy mal,
¿Nosotros qué podremos hacer?
El rey Saúl se siente muy mal.

Oficiales: ¡Es cierto! Un hombre llamado Isaí que vive en Belén, tiene un hijo que puede tocar el arpa.

Rey Saúl: Muy bien. Vayan y traigan a ese muchacho que puede tocar el arpa.

Oficiales: Este muchacho es David. Es un guerrero valiente y habla con sensatez. El Señor está con él.

Rey Saúl: Envíen este mensaje a Isaí en Belén: Di a tu hijo que deje el rebaño. Por favor mándalo para ver si me alivio.

Coro preocupado:
El rey Saúl se siente muy mal,
El rey Saúl se siente muy mal,
¿Nosotros qué podremos hacer?
El rey Saúl se siente muy mal.

Oficiales: ¡Ya llegó David! Y trae regalos de parte de su padre para usted, oh gran señor.

Rey Saúl: ¿Qué regalos son estos?

Oficiales: David trae un burro cargado con pan, vino y también una cabra pequeña.

Rey Saúl: Traigan a David y su arpa ante mí.

Coro preocupado:
El rey Saúl se siente muy mal,
El rey Saúl se siente muy mal,
¿Nosotros qué podremos hacer?
El rey Saúl se siente muy mal.

Rey Saúl: David, necesito tu ayuda para aliviarme. Un espíritu maligno me perturba, toca tu arpa para mi, por favor.

Coro del arpa:
El arpa hace ting, ting,
El arpa hace ting, ting,
David toca el arpa
Para aliviar al rey.

Rey Saúl: Comienzo a sentirme mejor.

Coro del arpa:
El arpa hace ting, ting,
El arpa hace ting, ting,
David toca el arpa
Para aliviar al rey.

Rey Saúl: Ahora en verdad que me siento bien. Quiero que David se quede por aquí.

Oficiales: Le mandaremos a decir a su padre que usted desea que David permanezca al servicio del rey.

Rey Saúl: Por favor pregunten a Isaí, si David podría su oficio de pastor dejar. Necesito que su música me pueda hacer en paz estar.

Coro del arpa:
El arpa hace ting, ting,
El arpa hace ting, ting,
David toca el arpa
Para aliviar al rey.

Oficiales: Cumpliremos tus deseos, rey Saúl.

Rey Saúl: Y creo que a David también le voy a pedir, que sea mi escudero, además de su arpa teñir.

Coro del arpa:
El arpa hace ting, ting,
El arpa hace ting, ting,
David toca el arpa
Para aliviar al rey.

Escoja una o más actividades para sumergir a sus estudiantes en la historia bíblica.

Materiales:
Reproducible 8A
Biblia
crayones
cinta adhesiva
tijeras

Accesorios de Zona®:
ninguno

¡Alabad a Dios con trompetas!

Antes de la clase, haga fotocopias del **Reproducible 8A** para cada estudiante.

Invite a sus estudiantes a que decoren las trompetas y las recorten. Ayúdeles a pegar las orillas de la trompeta.

Con las trompetas ensambladas a la mano, pídales que formen una fila detrás de usted. Pida que hagan "tuu-tuu" con sus trompetas y que repitan después de usted, una línea a la vez, de la melodía "A Dios el Padre celestial" # 21, Himnario Mil Voces para Celebrar). Finalmente marchen alrededor del salón "tocando" esta melodía).

Pregunte: ¿Alguien recuerda alguna de las palabras de este himno que acabamos de tocar? Esta es un himno que usamos para alabar a Dios. podemos alabar a Dios cantando, con trompetas o con otros instrumentos musicales como arpas. Vamos a decir juntos el versículo bíblico que está escrito en sus trompetas: "Alaben a Dios con trompetas, arpas y salterios" (Salmo 150:3).

Repita el versículo diciéndolo a través de sus trompetas mientras marchan alrededor del salón una vez más.

Diga: ¡Marchar y tocar nuestras trompetas nos hace sentir felices! Recuerden que la música nos puede ayudar a lidiar con nuestros sentimientos de maneras positivas.

Materiales:
piedras pequeñas y redondeadas,
dos o tres plumas para pintar

Accesorios de Zona®:
ninguno

En el bolsillo

Hace algún tiempo, era popular tener una "piedra de preocupaciones" en el bolsillo para poder frotarla cuando uno se preocupaba por algún problema. Introduzca esta idea a sus estudiantes, luego permítales que elijan una piedra. Haga que personalicen sus piedras escribiendo sus iniciales y/o un símbolo como un corazón, una cruz, una estrella, una cara feliz o triste, el sol o una nube.

Diga: Todos tenemos problemas en los cuales tenemos que pensar para tratar de encontrarles solución. Algunas veces las respuestas a los problemas llegan rápido y fácil, pero otras veces son más difíciles de resolver. Esa es la razón por la que la gente se preocupa. Su piedra de preocupaciones no puede ayudarles a resolver el problema, pero su piedra de preocupaciones les puede hacer compañía mientras ustedes están pensando y orando sobre su problema. Dios quiere que ustedes lidien con sus sentimientos, como la preocupación, en maneras positivas.

ZONA BÍBLICA®

 de Vida

Escoja una o más actividades para que la Biblia cobre significado en la vida diaria.

Canta y celebra

Haga una copia de la letra de "Todos alaben" (**disco compacto, pista 12**) para cada estudiante, o haga un cartel con la letra para toda la clase.

Pregunte: ¿Qué instrumentos musicales han tocado? En tiempos bíblicos, la gente también tocaba instrumentos musicales. Mientras escuchan este canto, procuren identificar los nombres de los instrumentos.

Toque el primer verso de "Todos alaben". Pida a sus estudiantes que mencionen los instrumentos: trompeta, laúd, arpa, pandero. Sus estudiantes probablemente conocen mejor las trompetas y las arpas. Explique que el laúd es un instrumento con cuerdas que se parece a la guitarra, y que el pandero es parecido a la pandereta.

Toque todo el cántico. Luego dirija a sus estudiantes para cantarlo. Reparta los **mini-panderos** e invite a sus estudiantes a que las suenen cuando canten otra vez. Si tiene selecciones de música adicionales, tóquelas para sus estudiantes. Permita que le digan qué sentimientos o estados de ánimo evocan en ellos esas melodías. Una colección de canciones folklóricas serán más apropiadas para esta actividad.

Materiales:
tocadiscos de discos compactos
opcional: selecciones de música adicionales

Accesorios de Zona®:
disco compacto
Mini-panderos

Todos alaben

Todos alaben,
aleluya.
Alabemos al Señor.

Al son de la trompeta,
con el laúd y el arpa.
Con el pandero y con danza
alabemos al Señor.

Todos alaben,
aleluya.
Alabemos al Señor.

Alábenlo en su santuario
por sus proezas y hechos.
Por su misericordia.
alabemos al Señor.

Todos alaben,
aleluya.
Alabemos al Señor.

Alabemos día y noche
en la en la tierra y en el mar
Por toda la creación
alabemos al Señor.

Todos alaben,
aleluya.
Alabemos al Señor.

Alabemos al Señor.

LETRA: J. Jefferson Cleveland; trad. por Diana Beach
MÚSICA: J. Jefferson Cleveland
© 1981; trad. ã 2008 J. Jefferson Cleveland

 de Vida

Escoja una o más actividades para que la Biblia cobre significado en la vida diaria.

Materiales:
ninguno

Accesorios de Zona®:
ninguno

El sonido de la música

Invite a un músico a visitar su clase. Pídale que prepare una plática sobre cómo la música expresa emociones y cómo se puede usar la música para responder a los sentimientos en una forma positiva. Pida al músico que toque una pieza o dos, y que luego responda a preguntas de la clase.

Materiales:
marcador o bolígrafo

Accesorios de Zona®:
oso de colores
oso con la Biblia

Despide al oso de la Biblia

Esta semana, dibuje una carita feliz sobre una página del libro del **oso con la Biblia** (Oso de la Biblia). Tenga al **oso de colores** (oso navideño) fuera de la vista.

Diga: Hace un rato el osito de la Biblia estaba muy turbado. Estaba sollozando tan fuerte, que casi no podía hablar. Cuando le pregunté qué le había pasado, me dijo que su Biblia había desaparecido. Yo le dije que Dios quiere que lidiemos con nuestros sentimientos de maneras positivas, y que en lugar de llorar, debería comenzar a buscar su Biblia. Así hizo. Ahora está verdaderamente feliz, porque mientras buscaba su Biblia, encontró a un nuevo amigo. ¿Alguien puede adivinar quién es este nuevo amigo?

Levante al oso de colores.

Diga: Es nuestro viejo amigo, el oso navideño. Él ayudó al oso de la Biblia a encontrar su Biblia, y ahora son buenos amigos.

Pase los dos osos a sus estudiantes, e invite a que le digan al oso navideño qué gusto les da volver a verlo otra vez y ver lo que hay en la Biblia del oso de la Biblia.

Diga: El oso de la Biblia tiene una carita feliz en su Biblia porque el está muy feliz. Pero nosotros no siempre podemos estar felices. En la vida algunas veces nos sentimos tristes, temerosos, preocupados o enojados. Dios quiere que lidiemos con nuestros sentimientos en maneras positivas. Una buena manera de lidiar con nuestros sentimientos es contándoselos a Dios cuando oremos.

Invite a sus estudiantes a cerrar sus ojos para orar.

Ore: Amado Dios, sabemos que tú nos amas y que nos ayudarás a lidiar con nuestros sentimientos en maneras positivas. Ayúdanos a entender que siempre podemos decirte cómo nos sentimos. Amén.

Haga una copia de Zona Casera® para cada estudiante en su clase.

# Casera para padres

Versículo bíblico
¡Alábenlo con toque de trompeta!
¡Alábenlo con arpa y salterio!
Salmo 150:3

Historia bíblica
1 Samuel 16:14-23

La música tuvo mucho que ver en el encuentro entre David y el rey Saúl. El rey sufría de momentos de depresión y agitación debido a un espíritu maligno, y sus oficiales pensaron que la música de un arpa podría calmarlo. Un oficial conocía a un joven de Belén llamado David que tocaba el arpa. Cuando David tocaba, Saúl se tranquilizaba, y su estado de ánimo mejoraba. ¡El tratamiento musical funcionó! Pregunte a su hijo o hija sobre el musical que se hizo en la clase hoy, en celebración de esta historia musical. Ayudar a su hijo o hija a lidiar con sus sentimientos de una manera productiva y positiva es uno de los grandes desafíos que enfrentan los padres. Esta semana ponga atención especial a los estados de ánimo en su hogar. Anime la discusión sobre los sentimientos y ayude a todos en su familia para que trabajen juntos para hallar maneras positivas para lidiar con esos sentimientos.

El juego de no sonreír

Este es un juego con el que de seguro se puede poner una sonrisa en un rostro malhumorado. Mire a la persona directamente a los ojos y diga: "!Te apuesto a que te puedo hacer sonreír!" Y luego lentamente comience a contar del 1 al 10.

Sin falla, ¡la persona malhumorada casi siempre terminará sonriendo antes de que llegue a diez

Una oración guía

Dios quiere que lidiemos con nuestros sentimientos en maneras positivas, pero algunas veces no estamos seguros de cómo manejar los sentimientos difíciles. Compartan el uno con el otro maneras para manejar sentimientos como: enojo, miedo, preocupación, y tristeza. Luego hagan juntos la siguiente oración:

"Amado Dios, todos tenemos sentimientos que nos causan turbación e incomodidad. Guíanos hacia buenas maneras de librarnos de nuestros sentimientos malos. Ayúdanos a cantar, hablar, danzar, tirar balones a la canasta, leer, acariciar una mascota, y orar a ti para que nos confortes. Amén".

Dios quiere que lidiemos con nuestros sentimientos en maneras positivas.

Permiso de fotocopiado otorgado para el uso de la iglesia local. © 2008 Abingdon Press.

Sentimiento

Dibuja una cara que exprese el sentimiento

Feliz	Triste
Preocupado/a	**Sorpresa**

Reproducible 8A

Zona Bíblica®

Permiso de fotocopiado otorgado para el uso de la iglesia local. © 2008 Abingdon Press.

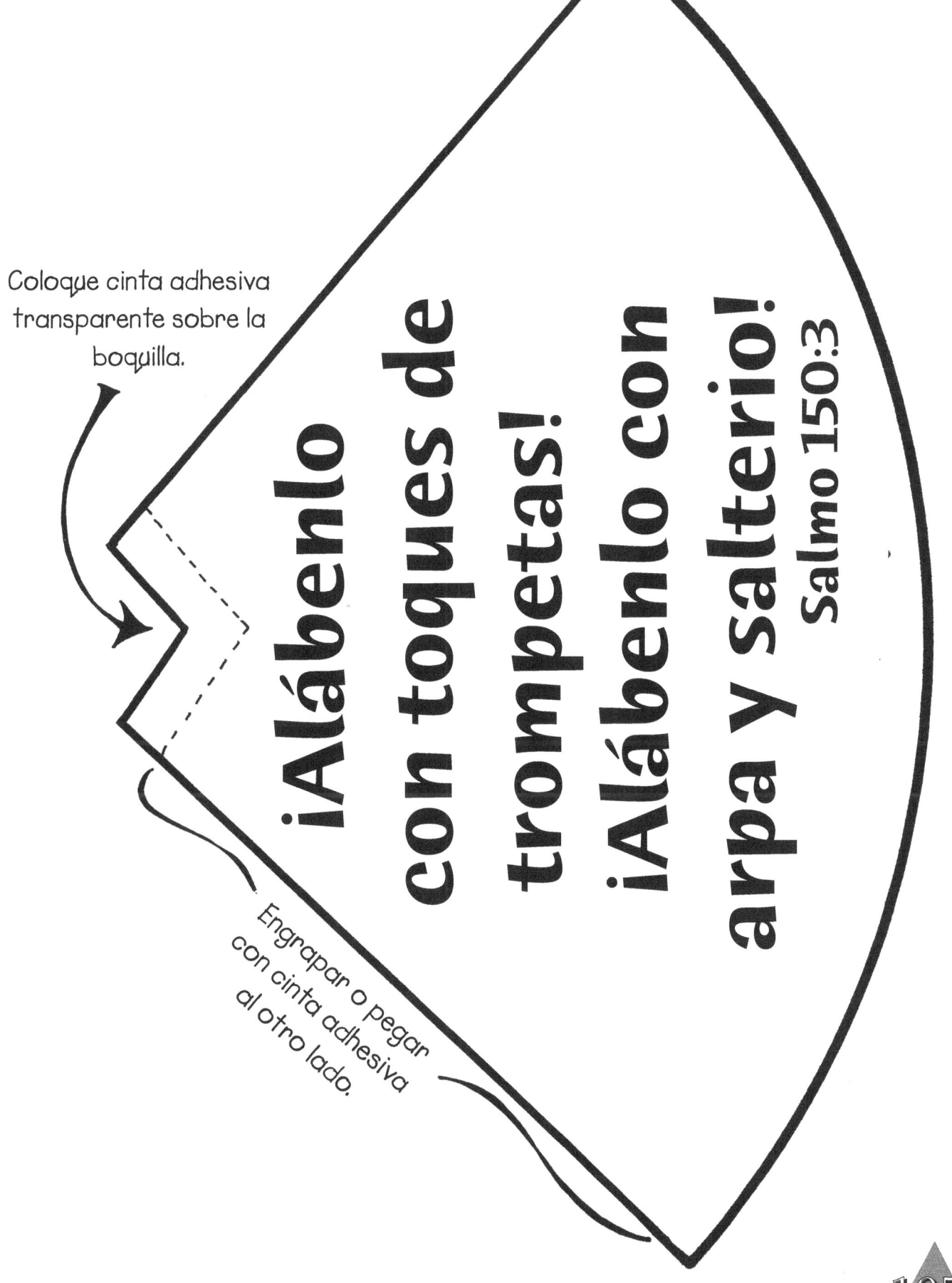

David y Goliat

Entra a la ZONA

Versículo bíblico
Confío en Dios y no tengo miedo.
Salmo 56:4b

Historia bíblica
1 Samuel 17

David y Goliat. ¡Aquí está el gigante de la historia bíblica que los pequeñines han disfrutado por generaciones! El ejército filisteo estaba en un lado de una colina; Saúl y los israelitas estaban en el otro. Goliat de Gat, con su armadura de bronce y su daga y lanza, era más alto que todos los otros soldados. Y gritaba: "!Escojan a alguien para venga a pelear contra mi!" El joven David, por casualidad escuchó el desafío del gigante en el campo de batalla. Con su honda y una sola piedra, David derribó a Goliat.

Algunas personas estudiosas no creen que Goliat fuese de origen filisteo, sino que tal vez fuese descendientes de Anac, o sea, un remanente anaceo establecido en Gat. Estas eran personas muy altas las cuales se mencionan en los libros de Deuteronomio y Josué. David era un pastor de ovejas y usaba una honda y piedras para defender a su rebaño de los animales que le atacaban. Las hondas también se usaban en los campos de batalla, algunos ejércitos tenían unidades enteras de guerreros con hondas.

Aunque los maestros y maestras no quieran que sus estudiantes usen hondas, esta historia bíblica nos ayuda a mostrar a nuestros niños y niñas, que pueden ser muy importantes para traer cambios positivo en determinadas situaciones. Con frecuencia, para su propia protección, les ponemos límites a los pequeñines. Muchas veces ellos y ellas sienten que se les dice que no, más veces que sí. Dígale sí a sus estudiantes de Zona Bíblica permitiendo que expresen sus opiniones, aceptando sus consejos, apreciando sus logros, y animándoles a que le presten ayuda en diferentes maneras en su salón de clases.

La lección de hoy se concentra en grandes problemas. Los grandes problemas para sus estudiantes puede ser la goma de mascar pegada a la suela de sus nuevos tenis de básquetbol, o el incendio que consumió la casa de un niño conocido. Conforme enseñe la lección, considere que sus estudiantes pueden haber experimentado una variedad de problemas, algunos muy simples y otros muy tremendos. Tenga cuidado para no afirmar que todos los problemas se pueden resolver. El énfasis de la lección de hoy es que con la ayuda de Dios, podemos enfrentar grandes problemas. La oración, el consejo y preocupación de otras personas, la lectura de la Biblia, y nuestros propios instintos y habilidades son maneras en que Dios nos ayuda para que podamos lidiar con los problemas tanto grandes como pequeños.

Con la ayuda de Dios podemos enfrentar grandes problemas.

Vistazo a la ZONA

ZONA	TIEMPO	MATERIALES	ACCESORIOS DE ZONA
Acércate a la ZONA			
Tiempo de llegada	5 minutos	Reproducible 9A, crayones o marcadores	ninguno
Plática difícil	5 minutos	ninguno	oso de colores
Zona Bíblica			
Coronado de buen carácter	5 minutos	ninguno	corona de terciopelo
Tercera escena	5 minutos	pedazo de tiza (gis)	pizarra de director
David y Goliat: una aventura de acción	5 minutos	ninguno	ninguno
Orar por un problema	5 minutos	Reproducible 9B, Biblia, crayones, tijeras, cinta adhesiva	ninguno
El laberinto	5 minutos	ninguno	cencerro
Zona de Vida			
Canta y celebra	5 minutos	tocadiscos de discos compactos	disco compacto
Batidos de rocas en el camino	5 minutos	helado o yogurt de vainilla, mezcladores, vasos de papel, tazones pequeños, cucharas	ninguno
Despide al oso	5 minutos	etiquetas engomadas	oso con la Biblia

Los Accesorios de Zona® se encuentran en el **Paquete de DIVERinspiración®**.

PRIMARIOS MENORES: LECCIÓN 9

Acércate a la ZONA

Escoja una o más actividades para capturar el interés de sus estudiantes.

Materiales:
Reproducible 9A
crayones
marcadores

Accesorios de Zona®:
ninguno

Tiempo de llegada

Antes de la clase, haga fotocopias del **Reproducible 9A,** para cada estudiante.

Conforme lleguen sus estudiantes, reparta los reproducibles.

Diga: Cada niño y niña en la ilustración en esta hoja tiene un problema. Vean si pueden conectar el problema con el niño indicado o la niña indicada.

Después de que sus estudiantes hayan completado la hoja, pida que le digan cuál niño o niña va con cada problema. Mencionen maneras en que los niños y niñas en los dibujos pudieron haber resuelto su problema.

Diga: Dios nos puede ayudar para enfrentar y resolver problemas grandes.

Materiales:
ninguno

Accesorios de Zona®:
ninguno

Plática difícil

Diga: Algunas veces, cuando enfrentamos problemas, nos sirve de ayuda si se los contamos a otra persona.

Levante al oso de colores (oso navideño)

Diga: Ustedes saben que nuestro amigo, el oso navideño, se preocupa por cada uno de ustedes. Cuando sea su turno, cuéntenle algún problema que tengan en este momento o uno que hayan tenido anteriormente.

Después de que cada estudiante haya tenido su turno contando un problema al oso navideño, ahora sosténgalo usted y cuéntele uno de sus problemas.

Diga: Una de las mejores maneras en que enfrentamos nuestros problemas es contándolo a otra persona. Sus familiares y parientes, su pastor y otros miembros de la iglesia, sus maestros y líderes, y también a amigos de su propia edad, todos pueden ayudarles a enfrentar sus problemas cuando los escuchan y les dan sugerencias y consejos de cómo lidiar con ellos. Dios sabe esto y quiere que busquen la ayuda de otras personas siempre que la necesiten.

Escoja una o más actividades para sumergir a sus estudiantes en la historia bíblica.

Coronado de buen carácter

Póngase la **corona de terciopelo**.

Diga: Soy la reina/rey (*su nombre*). **Una manera en que yo enfrento los problemas es** (*diga una manera en que enfrenta un problema grande, como orar, pedir la ayuda de un buen amigo o amiga, pensar detenidamente buscando solución, o leer algún pasaje de la Biblia. Pida a sus estudiantes que tomen turnos usando la corona y diciendo una manera como ellos enfrentan sus problemas*). **¡En la historia bíblica de hoy, vamos a aprender cómo David, con la ayuda de Dios, enfrentó un gran problema!**

Materiales:
ninguno

Accesorios de Zona®:
corona de terciopelo

Tercera escena

Diga: La historia bíblica de hoy se lleva a cabo en un campo de batalla, que en verdad es un lugar lleno de actividad.

Saque la **pizarra de director** y la tiza (gis). En la línea de "Producción" escriba *Acción;*; en la línea de "Director" escriba su nombre; para la de "Cámara" escriba *Zona B*; en la de "Fecha" ponga la de este día; en la de "Escena" escriba *3*; y para la "Toma" escriba *1*. Muestre la pizarra a sus estudiantes mientras la lee en voz alta.

Explique a sus estudiantes que se deben preparar para la historia de hoy practicando muchas de las acciones que hay en ella. Pida que se separen para que tengan suficiente espacio para moverse. Diríjales en los siguientes movimientos:

Marchar en su lugar como soldados.
Dar zancadas como gigante. (*dé tres pasos largos, con sus manos unidas en la nuca*)
Caminar como un rey preocupado. (*dar dos pasos a la derecha, y luego dos a la izquierda*)
Correr como un muchacho. (*dé cuatro pasos rápidos*)
Atacar como un animal. (*avanzar un paso y dar zarpazos*)
Hacer movimientos como una persona enojada. (*pararse y agitar los brazos*)
Agitar la lanza como un guerrero. (*mueva un brazo hacia atrás y luego como si lanzara algo*)
Tirar la honda como un pastor. (*gire su brazo sobre la cabeza, como si fuera a lazar algo*)

Practique los movimientos un par de veces.

Diga: ¡Todos ustedes tienen el talento para la acción! Muy pronto escucharán la historia de cómo el jovencito David enfrentó un problema muy grande. David sabía que Dios estaba con él.

Materiales:
pedazo de tiza (gis)

Accesorios de Zona®:
pizarra de director

PRIMARIOS MENORES: LECCIÓN 9

Historia de la  Bíblica

David y Goliat: una aventura de acción

Por Lisa Flinn y Barbara Younger

Pida a sus estudiantes permanezcan separados por el salón, y haga los ajustes necesarios en los movimientos o en el arreglo de los muebles. Al leer la historia, module su voz de acuerdo con los diferentes personajes. Dirija la acción para el grupo.

Narrador: El ejército de los filisteos marchó de su campamento, a una colina para enfrentar a los soldados del rey Saúl.

Movimiento: Marchar como soldados.

Narrador: De la misma manera, el ejército de Israel marchó desde su campamento en el valle para enfrentar a los filisteos.

Movimiento: Marchar como soldados.

Narrador: Entonces, del ejército de los filisteos, se adelantó un hombre llamado Goliat. ¡Era un gigante de más de nueve pies de altura! Este Goliat usaba un casco muy grande, y también una armadura para el pecho y las piernas hecha de bronce. ¡La armadura para el pecho pesaba mucho! Sobre su espalda Goliat cargaba una enorme lanza con un mango muy largo y la punta de gran peso. Un soldado caminaba en frente del gigante cargando su escudo.

Movimiento: Dar zancadas como gigante.
Goliat: ¡Soy Goliat! ¡El mejor soldado del ejército filisteo! ¿Cómo se atreven a salir a luchar contra nosotros? Quiero que manden a su mejor soldado para pelear contra mi. En lugar de que dos ejércitos luchen, desafío a un solo hombre de ustedes para que luche conmigo. Si su soldado gana, entonces todo nuestro ejército será su esclavo. Si yo mato a su soldado, entonces todo su ejército será nuestro esclavo.

Rey Saúl: ¿Qué puedo hacer? Como rey, estoy a cargo del ejército de Israel, pero este gigante realmente da miedo. ¡Ningún soldado quiere luchar con él!

Movimiento: Caminar como un rey preocupado.

Goliat: Al salir el sol de un nuevo día, "¡Otra vez los desafío a que manden a un soldado a luchar contra mí!"

Movimiento: Hacer movimientos como una persona enojada.

Narrador: Por cuarenta días y cuarenta noche el gigante Goliat salía y desafiaba al ejército del rey Saúl.

Goliat: He gritado a su ejercito día y noche durante todo un mes. ¡Vengan a luchar conmigo!

Movimiento: Agitar la lanza como un guerrero.

Narrador: Mientras tanto, el hijo menor de Isaí, David, había estado en su casa cuidando a las ovejas. David iba y venía entre el campamento de los soldados y Belén. Su padre decidió que era tiempo para que David regresara al campo para llevar comida a sus tres hermanos mayores que estaban en el ejército. El joven David corrió al campo.

Movimiento: Correr como un muchacho.

Narrador: Y Goliat seguía gritando al rey Saúl y a su ejército.

Movimiento: Hacer movimientos como una persona enojada.

David: ¿Quién es este hombre que cree que puede insultar al ejército del verdadero Dios de Israel?

Narrador: David siguió preguntándole a los soldados del campamento: "¿Quién es este e filisteo pagano?" Finalmente, algunos de estos soldados llevaron al joven David a ver al rey Saúl.

David: Su majestad, ¡ese Goliat no debería decir que somos cobardes! ¡Yo voy a luchar con él!

Rey Saúl: ¡Pero tú solamente eres un muchacho y él ha sido un soldado toda su vida!

Movimiento: Caminar como un rey preocupado.

David: Su majestad, yo he salvado a mis ovejas de leones y osos. Yo solo maté a esas bestias. ¡Y también puedo matar a Goliat!

Movimiento: Atacar como un animal.

Narrador: El rey Saúl hizo que le pusieran a David su armadura de bronce, pero era tan pesada que no se podía mover. Así que se la quitó y salió a enfrentar al gigante. Salió solamente con su bastón de pastor, su honda y unas cuantas piedras.

Movimiento: Correr como un muchacho.

Goliat: ¡Muchacho! ¿Acaso soy un perro para que salgas a atacarme con un palo?

Movimiento: Agitar la lanza como un guerrero.

David: Tú vienes a mi con espada y lanza. Pero yo vengo a ti en el nombre del Señor. Hoy el Señor me ayudará a vencerte.

Movimiento: Tirar la honda como un pastor.

Narrador: Con una piedra y un tiro, David le dio a Goliat en la frente y lo mató. Al ver esto los filisteos corrieron llenos de terror y los israelitas los persiguieron. Y fue así como David de Belén, con la ayuda de Dios, ¡resolvió un gran problema!

Escoja una o más actividades para sumergir a sus estudiantes en la historia bíblica.

Materiales:
Reproducible 9B
Biblia
crayones
tijeras
cinta adhesiva

Accesorios de Zona®:
ninguno

Orar por un problema

Antes de la clase, haga fotocopias del **Reproducible 9B** para cada estudiante.

Pregunte: En nuestra aventura llena de acción para hoy, ¿quién puso su confianza en Dios? (*David*). **Esta acción, ¿le ayudó a ser valiente al planear qué hacer?** (*sí*). **A la gente le gusta mucho esta historia, porque es asombroso ver cómo un joven pastor de ovejas pudo derrotar a un gigantesco soldado profesional. Cuando confiamos nuestros problemas a Dios, sentimos menos temor. Varias maneras en que podemos lidiar con los problemas son: orar por ellos, confiar en Dios y pedirle que nos guíe para que podamos hacer un plan para resolver el problema.**

Reparta una copia del reproducible a cada estudiante y un juego de materiales.

Diga: Hoy vamos a hacer una mochila de oración, un lugar especial donde ustedes pueden poner una nota o dibujar alguno de sus problemas. Pueden tenerlo entre sus manos mientras oran a Dios para que les guíe.

Pida a sus estudiantes que lean lo que está escrito en sus mochila: "Confío en Dios y no tengo miedo" (Salmo 56:4). Invite a sus estudiantes que la decoren, recorten, doblen y peguen con cinta adhesiva los dos lados.

En uno de los cuadros que tiene el reproducible, pida que dibujen o escriban unas palabras sobre algún problema. Pida que recorten el cuadro y lo coloquen en la mochila. Pueden recortar el otro cuadro que está en blanco para llevarlo a casa y usarlo después.

Materiales:
ninguno

Accesorios de Zona®:
cencerro

El laberinto

Pida a sus estudiantes que le ayuden a crear un laberinto sencillo colocando sillas por el salón de clases. Asegúrese de que el espacio entre los objetos permita que dos estudiantes puedan caminar lado a lado.

Pídales que escojan una pareja para hacer una caminata de confianza. Una estudiante será el líder confiable, y la otra será el seguidor confiado. Los seguidores cerrarán sus ojos y dejarán que los líderes los guíen cuidadosamente por el laberinto.

Suene el cencerro para indicar a sus estudiantes que comiencen la caminata de confianza, y deje que caminen por dos minutos o un poco más. Vuelva a sonar el cencerro para que se detengan. Pídales que cambien de papel y caminen cuando usted dé la señal.

Si el tiempo lo permite, haga que formen nuevas parejas y que caminen otra vez.

 de Vida

Escoja una o más actividades para que la Bíblica cobre significado en la vida diaria.

Canta y celebra

Enseñe a sus estudiantes el cántico "Fuerte, audaz debes ser" (**disco compacto, pista 9**).

Una vez que conozcan el cántico, pídales que levanten alto sus brazos cada vez que escuchen las palabras *audaz debes ser*. Y cada vez que escuchen la palabras *fuerte*, que flexionen sus brazos para mostrar sus músculos.

Fuerte, audaz debes ser

Fuerte (fuerte), audaz (audaz) debes ser pues Dios te cuida.
Fuerte (fuerte), audaz (audaz) debes ser pues Dios te cuida.

Yo no temeré ni desmayaré
pues yo ando en fe y victoria.
Te invito a andar en fe y victoria
pues tu Dios contigo está.

LETRA: Morris Chapman; trad. por Julito Vargas
MÚSICA: Morris Chapman
© 1984; trad. © 2008 Word Music Inc. (ASCAP), 65 Music Square West, Nashville, TN 372034
Todos los derechos reservados. Derechos internacionales asegurados. Usado con permiso

Materiales:
tocadiscos de discos compactos

Accesorios de Zona®:
disco compacto

 de Vida

Escoja una o más actividades para que la Bíblica cobre significado en la vida diaria.

Materiales:
helado o yogurt de vainilla
mezcladores
vasos de papel
tazones pequeños
cucharas

Accesorios de Zona®:
ninguno

Batidos de roca en el camino

Provea diversos dulces como chispas de chocolate, chispas de butterscotch, pasas, dulces pequeños de chocolate. Ponga de cada uno en un tazón con una cuchara.

Diga: Algunas veces, cuando la gente pasa por problemas, decimos que están atravesando por un "camino rocoso". Hoy llamaremos a nuestro refrigerio "el camino rocoso".

Sirva el helado o yogurt en los vasos de papel. Invite a sus estudiantes a mezclar los dulces en su helado o yogurt.

Diga: Dios nos puede ayudar cuando vamos por un camino rocoso. La oración, leer la Biblia, asistir a la escuela dominical y la iglesia, pensar cuidadosamente, y hablar con otras personas, son maneras que Dios nos provee para ayudarnos a enfrentar y resolver los problemas que encontramos en nuestro camino rocoso.

Materiales:
etiquetas engomadas

Accesorios de Zona®:
oso con la Biblia

Despide al oso

Antes de la clase, desprenda las etiquetas engomadas y colóquelas en las páginas de **el oso con la Biblia** (oso con la Biblia) para que sus estudiantes las descubran. Deje el papel encerado en las etiquetas.

Diga: Con la ayuda de Dios podemos enfrentar grandes problemas. Recuerden que Dios les ama y cuida durante todos sus problemas. Cuando le cuentan a Dios un problema por medio de la oración, Dios les escucha y les ayuda a vencer ese problema. (*levante al oso con la Biblia*). **El oso con la Biblia tiene algo para todos ustedes.**

Pase el oso con la Biblia de estudiante en estudiante. Anime a sus estudiantes a que le den las gracias al oso con la Biblia por las etiquetas. Pídales que le quiten el papel encerado a la etiqueta engomada y que la peguen en el dorso de su mano o en su camisa.

Diga: Hoy usen su etiqueta engomada como un recordatorio de oración. Ella les ayudará a recordar que pueden orar en cualquier momento y en cualquier lugar y contarle sus problemas a Dios.

Pida que cierren los ojos para orar.

Ore: Dios, hoy cuando veamos a nuestras etiquetas, ayúdanos a recordar que nos amas y que nosotros siempre podemos hablar contigo por medio de la oración. Estamos felices, porque con tu ayuda podemos resolver grandes problemas. Amén.

Haga una copia de Zona Casera® para cada estudiante en su clase.

# Casera para padres

Versículo bíblico
Confío en Dios y no tengo miedo.
Salmo 56:4b

Historia bíblica
1 Samuel 17

La historia bíblica de hoy es una historia gigante que los niños y niñas han disfrutado por generaciones. El ejército israelita dirigido por Saúl se enfrentaba al ejército filisteo. Goliat de Gat gritaba: "Envíen a alguien para que pelee contra mi!" Finamente un joven pastor se le enfrentó solamente con su honda, algunas piedras y su bastón. Con la ayuda de Dios, David derribó al poderoso gigante con una sola piedra. A los padres les gusta animar a sus hijos e hijas a que resuelvan problemas ¡sin la ayuda de una honda! Hable con sus hijos e hijas sobre cualquier preocupación. Resista la tentación de desestimar los problemas u ofrecer soluciones instantáneas. Ore y busque soluciones a los problemas con sus hijos e hijas, para que estas dos costumbres se conviertan en una forma de lidiar con los problemas grandes y pequeños que se les van a presentar durante sus vidas.

Confía en la oración

El versículo bíblico de hoy es "Confío en Dios y no tengo miedo (Salmo 56:4b). Comparta con su hijo o hija la importancia de la confianza en el núcleo familiar. Invítele a que le cuenten sobre la experiencia de la actividad de ser un líder confiable, y un seguidor confiado. Pida que le lleve a una caminata de confianza.

Digan juntos esta oración:

Amado Dios, podemos confiar en ti, y decirte todo lo que nos sucede ya sea alegre o triste, que nos asuste o no. También enséñanos a ser confiables para nuestros familiares, amigos y nuestros hermanos y hermanas en Cristo Jesús. Amén.

Cubos de camino rocoso

Este refrigerio es divertido de preparar y ayuda a animar a quien está pasando sobre un "camino rocoso". Derrita dos tazas de chispas de chocolate y una taza de crema de cacahuate a fuego lento. Deje que se enfríe ligeramente. Mezcle dos tazas de malvaviscos miniatura. Extienda la mezcla sobre una bandeja rectangular de nueve pulgadas engrasada. Déjela enfriar antes de servir.

Con la ayuda de Dios podemos enfrentar grandes problemas.

Permiso de fotocopiado otorgado para el uso de la iglesia local. © 2008 Abingdon Press.

Problemas

Une al niño o niña con el problema

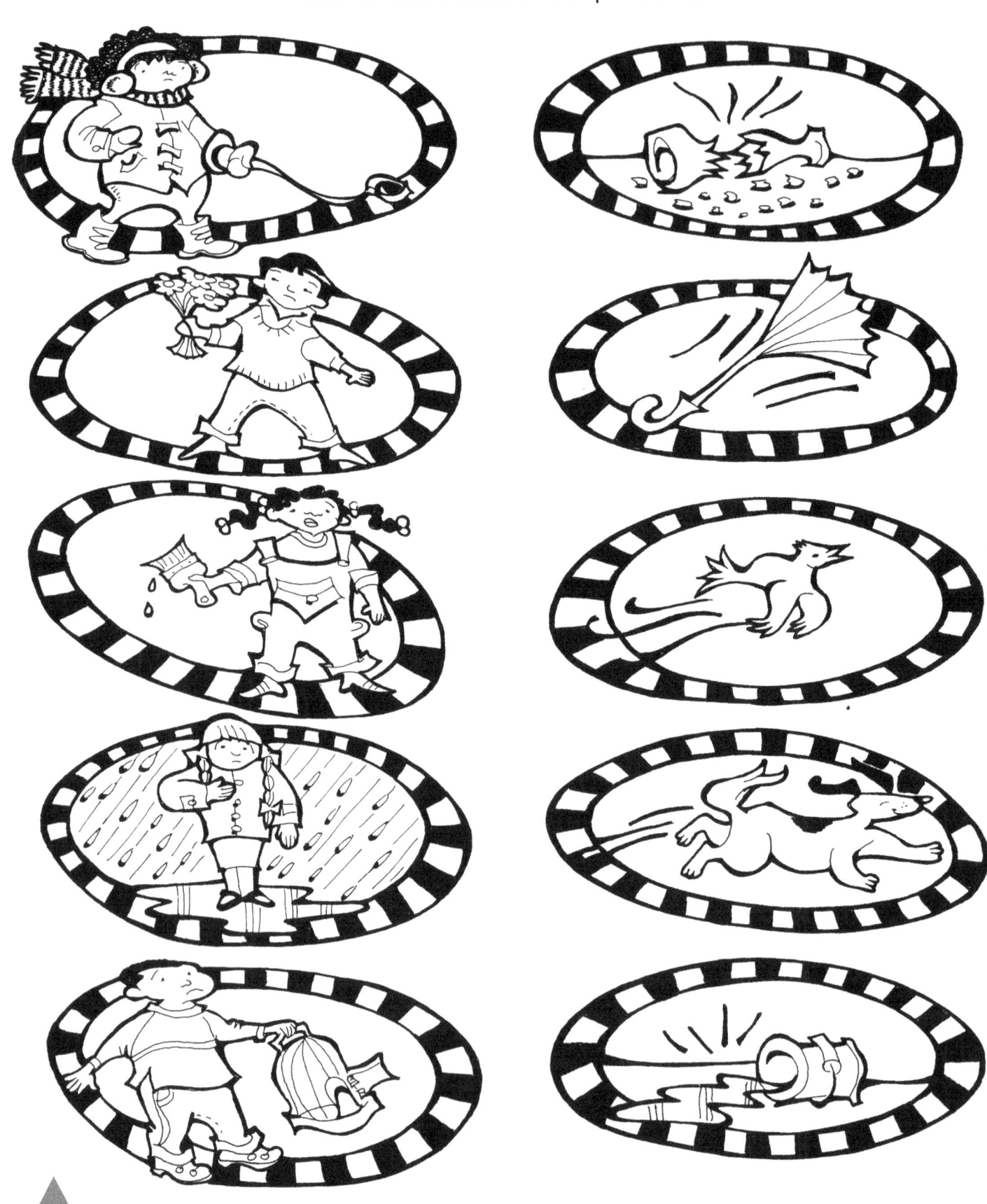

Mochila

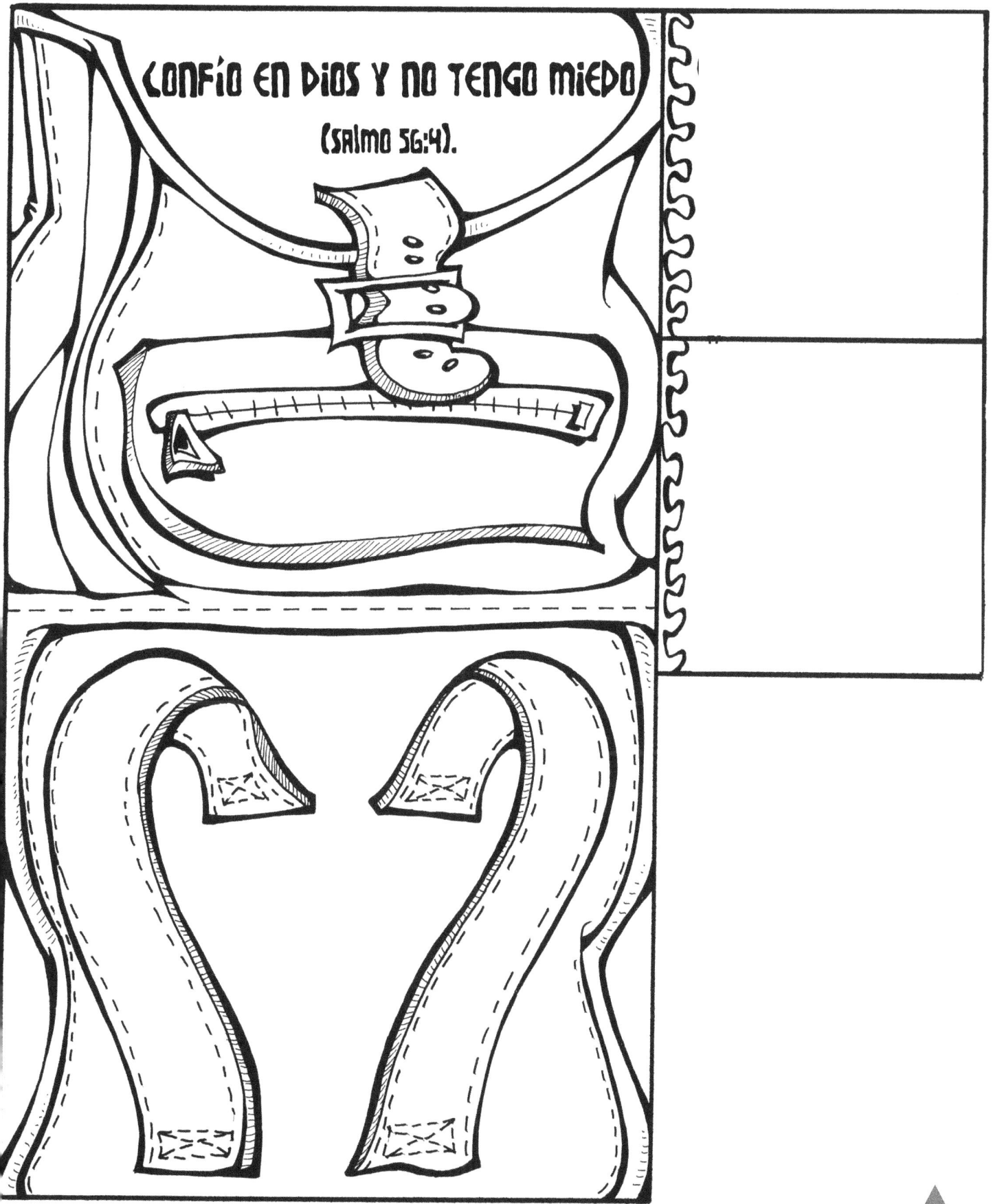

David y Jonatán

Entra a la Zona

Versículo bíblico

Algunas amistades se rompen fácilmente, pero hay amigos más fieles que un hermano.

Proverbios 18:24

Historia bíblica

1 Samuel 20

En la historia de hoy aprenderemos algo sobre la amistad entre David y el hijo del rey Saúl, Jonatán. Luego de matar a Goliat, David se convirtió en un héroe muy popular entre el pueblo lo que causó celos en el rey quien se sintió amenazado. Preocupado por su seguridad, David habló con su amigo Jonatán. Él le prometió a David que le daría una señal con sus flechas una vez que tuviera conocimiento de los verdaderos sentimientos de Saúl. Jonatán cumplió lo prometido a su amigo, y David pudo escapar porque entendió la señal.

El versículo bíblico de hoy proviene del libro de Proverbios. Si el tiempo lo permite, considere leer otros tres proverbios a sus estudiantes y discútanlos: "El chismoso es causa de enemistades" (Proverbios 16:28b); "La riqueza atrae multitud de amigos, pero el pobre hasta sus amigos pierde" (Proverbios 19:4); "Un amigo es siempre afectuoso." (Proverbios 17:17a).

Con toda seguridad sus estudiantes de Zona Bíblica han experimentado las alegrías y penas de la amistad. Tendrán ideas profundas sobre cómo se deben tratar a los amigos y las amigas, y tendrán muchos ejemplos de amistades que se echaron a perder. Incluso en su salón de clase usted encontrará un par que no deja entrar a un tercero; renuencia a ser amigables con alguien recién llegado; y heridas y percepciones de tiempos pasados.

¿Cómo usted puede hacer de Zona Bíblica una zona feliz para todos sus estudiantes? Sea paciente, animado/a, no juzgue duramente. La variedad de actividades en estas lecciones van dirigidas a hacer que sus estudiantes se encuentren unos a los otros de maneras positivas y creativas. Los juegos activos les ayudarán a interactuar, y a tener discusiones más serias que les capacitarán a conocerse en un nivel más profundo. Aliénteles a: asistir regularmente, escuchar atentamente, y a tener una conducta respetuosa entre ellos y ellas.

Los amigos y las amigas deben ser leales y cuidarse entre sí.

Vistazo a la ZONA

ZONA	TIEMPO	MATERIALES	ACCESORIOS DE ZONA®
Acércate a la ZONA®			
Tiempo de llegada	10 minutos	Reproducible 10A, papel para envolver, pegamento, tijeras, crayones y hilo de tejer o cinta.	ninguno
¡Toca la campana de la amistad!	5 minutos	ninguno	cencerro
Zona Bíblica®			
Coronado con buen carácter	5 minutos	ninguno	corona de terciopelo
Cuarta escena	10 minutos	sorbete (popotes) de plástico, papel para manualidades, papel de periódicos, tiza, varias revistas para amas de casa o de cocina, tijeras, cinta adhesiva	pizarra de director
David y Jonatán: un recorrido	5 minutos	vasos de papel, pañuelos desechables o pañuelos, mantel para mesa, y los auxiliares hechos en página 121	ninguno
Verdaderos amigos	5 minutos	Reproducible 10B, Biblia, crayones, tijeras, perforadora de papel, cinta adhesiva, hilo de tejer	ninguno
Punto por punto	5 minutos	cartón o papel para manualidades, marcadora	dado de hule espuma
Zona de Vida			
Canta y celebra	5 minutos	ninguno	ninguno
Pastel del perdón	5 minutos	pasteles pequeños, cuchillos de plástico, servilletas	ninguno
Despide al oso	5 minutos	tarjetas de índice, marcadores, tijeras	oso con la Biblia

Los Accesorios de Zona® se encuentran en el **Paquete de DIVERinspiración®**.

PRIMARIOS MENORES: LECCIÓN 10

En la ZONA

Escoja una o más actividades para capturar el interés de sus estudiantes.

Materiales:
Reproducible 10A
papel para envolver
pegamento
tijeras
crayones
hilo de tejer o cinta

Accesorios de Zona®:
ninguno

Tiempo de llegada

Antes de la clase, haga fotocopias del **Reproducible 10A,** para cada estudiante.

Salúdeles conforme vayan llegando.

Diga: Hola mi amigo/amiga (*nombre*)

Dirija a sus estudiantes a hasta los materiales para que coloreen el rollo. Luego podrán ponerle pega a un recuadro de papel de regalo para pegarlo sobre el dibujo del regalo. Entonces pondrán el nombre de un amigo o una amiga sobre una de las tarjetitas y su nombre en la otra. Para finalizar, enrollarán la lámina y asegurándola con un trozo de hilo de tejer o cinta. Tal vez tenga que ayudarles a atar el hilo o cinta.

Diga: Hoy vamos a hablar sobre un regalo que Dios nos ha dado: la amistad. Los amigos y las amigas deben ser leales y cuidarse entre sí. Su rollo ayudará a que su amigo o su amiga se sienta muy especial.

Al final de la clase, recuerde a sus estudiantes que lleven su rollo y se lo den a una amistad tan pronto como sea posible.

Materiales:
ninguno

Accesorios de Zona®:
cencerro

Toca la campana de la amistad

Haga sonar el **cencerro**. Pida a sus estudiantes que formen un círculo.

Diga: Esta campana ya no es un cencerro. Es la campana de la amistad. Vamos a pasar la campana por el círculo y cada uno de ustedes va a tomar su turno para mencionar el nombre de un amigo o amiga en la categoría que yo voy a mencionar. Al tomar la campana la hará sonar y dirá: "Estoy sonando la campana de la amistad por mi amiga/amigo (*nombre del amigo o de la amiga*).

Estos son las categorías que mencionará: amigo o amiga de la iglesia, de mi barrio, de la escuela, amigo adulto, un amigo mayor, un amigo menor.

Diga: ¡Son muy afortunados de tener tantos amigos y amigas! Dios está muy contento de nuestras amistades. Dios quiere que seamos leales a nuestros amigos y amigas y que nos cuidemos los unos a los otros.

Escoja una o más actividades para sumergir a sus estudiantes en la historia bíblica.

Coronado con buen carácter

Póngase la **corona de terciopelo**.

Diga: Soy la reina/el rey (*su nombre*). **Soy leal a mi amigo/amiga porque** (*diga una forma en que es leal a sus amigos. Pida a sus estudiantes que tomen su turno para usar la corona y decir una forma en que muestra la lealtad a sus amigos*). **¡En la historia bíblica de hoy, vamos a aprender cómo David fue leal a su amigo Jonatán.**

Materiales:
ninguno

Accesorios de Zona®:
corona de terciopelo

Cuarta escena

Diga: Ustedes saben que en las películas y obras de teatro, los actores usan objetos reales mientras actúan. Estos objetos son llamados "utilería". Se puede usar todo tipo de cosas como sillas, tazas, platos de comida, o pañuelos para hacer que la escena se vea real para los actores y para la audiencia. Hoy vamos a crear algunos materiales de "utilería" para ayudar a que nuestra historia parezca más real.

Forme cuatro grupos con sus estudiantes para crear la "utilería".

El grupo 1, buscará y recortará fotografías de comida de las revistas.

El grupo 2, hará flechas recortando tres triángulos de papel de construcción, y luego pegando cada triángulo a un sorbete (popote).

El grupo 3, creará una lanza. Primero formarán tres juegos de tres sorbetes largos, unidos por las puntas. Luego colocarán los tres sorbetes lado a lado y los unirán con cinta adhesiva. Cortarán un triángulo de papel de construcción, y lo pegarán en una de las puntas.

El grupo 4, creará una roca grande. Comenzarán arrugando un poco el papel periódico; luego cubrirán las bolas con hojas de papel de periódicos y las asegurarán con cinta adhesiva.

Mientras los grupos trabajan, llene la información en la **pizarra de director**. En la línea "Producción" escriba *Utilería*; en la línea de "Director" escriba su nombre; para la de "Cámara" escriba *Zona B*; en la de "Fecha" ponga la de este día; en la de "Escena" escriba *4*; y para la "Toma" escriba *1*. Muestre la pizarra a sus estudiantes. Luego deje que tomen turnos para usar la pizarra en frente de a la utilería.

Diga: ¡Es bonito verles trabajando juntos! En nuestra clase nos hemos hecho amigos. La historia bíblica de hoy trata sobre dos amigos muy fieles: David y Jonatán que se cuidaron el uno al otro. Jonatán es el hijo del rey Saúl, y por su puesto, ustedes ya conocen a David.

Materiales:
sorbete (popotes) de plástico
papel de construcción
papel de periódicos
tiza
varias revistas para amas de casa o de cocina
tijeras
cinta adhesiva

Accesorios de Zona®:
pizarra de director

PRIMARIOS MENORES: LECCIÓN 10

Historia de la 

David y Jonatán: un recorrido

Por Lisa Flinn y Barbara Younger

Diga a sus estudiantes que esta historia será presentada como si fuera el ensayo para una obra de teatro. Usted será el director o la directora y dará las instrucciones en el escenario.

Asigne a tres de sus estudiantes las partes del rey Saúl, de David, y de Jonatán. Haga copias de la obra para ellos. Si no tiene buenos lectores, tal vez usted tenga que leer todas las partes y que sus estudiantes representen la acción que le corresponda. El resto del grupo serán los "extras".

Necesitarán la utilería que prepararon en la sección anterior, un mantel, dos pañuelos desechables o de tela, y vasos de papel para todos. La mesa y sillas son opcionales. Si no tiene, represente una mesa extendiendo el mantel sobre el piso.

Director: Que David y Jonatán se pongan frente a frente.

David: ¿Y ahora qué hice? Tu papá ha estado enojado conmigo desde que derroté a Goliat.

Jonatán: Tiene miedo de que la gente te quiera más a ti que a él.

David: Soy su fiel servidor, pero estoy seguro de que el rey tratará de matarme.

Jonatán: Voy a hacer todo lo posible para salvarte de mi padre, el rey. ¡Tú eres mi mejor amigo!

David: ¡Tú también eres mi mejor amigo!

Jonatán: Mi papá no hace nada sin antes hablar conmigo. Voy a averiguar qué está pensando. Si quiere matarte te voy a avisar para que puedas escapar.

David: ¡Ten cuidado! A tu padre no le gusta que seamos tan buenos amigos.

Jonatán: Dime qué puedo hacer y lo haré.

David: Mañana es el festival de la nueva luna. No vendré a cenar.

Jonatán: Mi padre va a pregunta dónde estás. Para el siguiente día todos van a creer que has estado ausente por mucho tiempo.

David: Dile que te pedí que me dejaras ir a ver a mi familia. Entonces ya verás si se alegra o se enoja. Si se enoja eso te hará saber cómo se siente respecto a mí.

Jonatán: Este es el plan. Ve y escóndete cerca de la gran roca. Espera ahí hasta que yo venga con alguna noticia.

Voy a fingir que estoy practicando con mi arco y flechas. Si tiro mis flechas y le digo a mi siervo, "Las flechas están más acá, ve y búscalas", eso significa que todo está bien. Pero si le digo, "Las flechas están más allá", ¡eso significa que debes huir!

David: Vamos a hacer una promesa para ser leales el uno al otro.

Jonatán: Te prometo que siempre seré tu amigo y cuidaré de tu familia.

Director: Dense la mano; ahora caminen en direcciones contrarias. (*Pausa, mientras caminan*). Ahora entre todos vamos a montar la escena de la cena. Extiendan el mantel sobre la mesa/piso. Pongan encima las fotografías de comida y los vasos de papel, luego las sillas alrededor de la mesa. (*Pause, mientras hacen todo esto*). El rey Saúl se sienta en un extremo de la mesa. Ahora Jonatán se sienta al lado del rey. David se para junto a mí porque no aparece en esta escena. Los extras se sientan a la mesa, pero dejan un lugar vacío. Ese es el lugar donde David se sentaría normalmente. Le voy a dar la lanza al rey. Vamos a comenzar una nueva escena. Todos finjan estar comiendo y bebiendo.

Rey Saúl: Esta es la segunda vez que David no viene a cenar. ¿Dónde está?
Jonatán: Me rogó que lo dejara ir a ver a su familia. Así que lo dejé ir.

Rey Saúl: ¡Ahora sé que quieres a David más que a mí! ¡Tu reino no estará seguro hasta que ese hijo de Isaí esté muerto! Traigan a David delante de mí para que pueda matarlo.

Director: Jonatán se paró y se alejó de la mesa. Ahora Saúl tira la lanza hacia Jonatán.

Jonatán: Si el rey Saúl trata de matarme a mí que soy su hijo, ¡Entonces de seguro que tratará de matar a mi mejor amigo!

Director: Entre todos quiten la utilería de la comida. Jonatán, toma las tres flechas. David, coloca la roca en medio del escenario. Finge que te estás escondiendo detrás de ella. (*Pause, mientras esto se hace*). Necesito un "extra" para esta escena. (*Elija a un voluntario para que sea el criado de Jonatán*).

Jonatán: ¡Ahí estás! Criado, busca mis flechas mientras yo practico.

Director: Jonatán, tira algunas flechas, y dice; "¡Las flechas están más allá de ti!", porque esta era la señal de que David debía huir. (*Pause, mientras Jonatán tira las flechas*).

Jonatán: Criado, ¡Date prisa, corre, no te detengas!

David: ¡Esa es la señal! Debo escapar.

Jonatán: Criado, recoge mis flechas y llévalas a la ciudad ahora mismo.

Director: David, sal de atrás de la roca. Colócate junto a Jonatán. Alguien pásele los pañuelos a los dos. Ahora, los mejores amigos están en verdad muy tristes. Tú estás en gran peligro y le estás diciendo adiós a tu mejor amigo.

David: No puedo parar de llora.

Jonatán: Yo tampoco.

David: Te voy a extrañar mucho.

Jonatán: Ve en paz. Dios va a cuidarnos siempre y algún día también cuidará a nuestros hijos.

Director: Jonatán, da la vuelta para irte. Seca tus lágrimas con el pañuelo. David, observa cómo se va tu mejor amigo. Tú también seca tus lágrimas con el pañuelo. ¡Todos lo han hecho muy bien! Ese fue un ensayo excelente. ¡Gracias!

Escoja una o más actividades para sumergir a sus estudiantes en la historia bíblica.

Materiales:
Reproducible 10B
Biblia
crayones
tijeras
perforadora para papel
cinta adhesiva
hilo de tejer

Accesorios de Zona®:
ninguno

Verdaderos amigos

Antes de la clase, haga fotocopias del **Reproducible 10B** para cada estudiante. Corte trozos de hilo de tejer de ocho pulgadas de largo.

Diga: El versículo bíblico de hoy nos dice que un "hay amigos más fieles que un hermano" (Proverbios 18:24). Tal vez esta no es la manera en que ustedes se sienten, pero Jonatán de verdad que se sentía así. Su padre, el rey Saúl, estaba lleno del mal espíritu que causaba que él hiciera cosas malas. Jonatán creía que su verdadero amigo era David, y se sentía más cercano a David que a su propia familia. Nosotros podemos estar cercanos a nuestra propia familia y a nuestros amigos. Los verdaderos amigos y amigas deben ser leales y cuidarse entre sí, tal como lo hicieron David y Jonatán.

Pida a sus estudiantes que decoren los brazaletes. Guardarán un brazalete para ellos y darán los otros dos a sus amigos o amigas. Después de colorear los brazaletes los podrán recortar. Pegue cinta adhesiva por ambos lados de los brazaletes para hacerlos más duraderos. Perfore los extremos de los brazaletes donde se indica. Introduzca un trozo de hilo de tejer por los orificios para atar los brazaletes. Puesto que amarrar los brazaletes es una tarea que requiere dos manos, sus estudiantes necesitarán un amigo o amiga para que les ayude a atarlos.

Materiales:
cartón o papel para manualidades
marcador

Accesorios de Zona®:
dado de hule espuma

Punto por punto

Para este juego, use un marcador para dividir el cartón o el papel para manualidades en seis cuadros. Copie los patrones de puntos del dado de hule espuma en los cuadros. Un cuadro tendrá un punto, otro tendrá dos puntos, y así sucesivamente. Usará este tablero de juego para este momento y más tarde en la unidad.

Pida a sus estudiantes que formen un círculo alrededor del tablero de juego. Entréguele un dado a cada estudiante.

Pregunte: ¿Qué significa ser leal a los amigos y cuidarlos? (*Pida al grupo que mencione varios ejemplos, como defenderlos en una discusión; guardar sus secretos; hacer muchas cosas juntos; pensar en ellos incluso cuando no están juntos; ayudarles cuando lo necesiten; no hablar mal de ellos; hacer cosas agradables para ellos; decirles la verdad cuando te hagan una pregunta; alegrarse de que les sucedan cosas buenas sin sentirse celoso*). **Vamos a usar estas maneras de ser buenos amigos en un juego. Van a tirar su dado sobre el tablero. Contarán el número de puntos en el cuadro donde cayó el dado y nos dirán ese número de cosas para ser buenos amigos. Después cuenten el número de puntos en la cara del dado y tienen que decir esa cantidad de nombres de sus amigos o amigas.** (*Que todos tomen su turno, y si alguien lo necesita, que el grupo ayude diciendo maneras en que se puede ser buen amigo*)

 de Vida

Escoja una o más actividades para que la Biblia cobre significado en la vida diaria.

Canta y celebra

Enseñe a sus estudiantes la letra de este canción con la melodía del "London Bridge"

> Gracias Dios por mis amigos,
> mis amigos, mis amigos,
> Gracias Dios por mis amigos,
> Siempre les amaré.

Pida a dos estudiantes que mencionen los nombres de un amigo o de una amiga, entonces el grupo cantará la canción con esta letra:

> Gracias Dios por (nombre) y por (nombre).
> Gracias Dios por (nombre).
> Siempre les amaremos.

Materiales:
ninguno

Accesorios de Zona®:
ninguno

 de vida

Escoja una o más actividades para que la Biblia cobre significado en la vida diaria.

Materiales:
pastel pequeño
cuchillos de plástico
servilletas

Accesorios de Zona®:
ninguno

Pastel del perdón

Pregunte: ¿Alguna vez se han enojado con un amigo o amiga? ¿Perdonaron a su amiga o amigo? Dios quiere que perdonemos a nuestros amigos y que le digamos "lo siento" cuando nosotros queremos que nos perdonen. Hace muchos años, si unos amigos o amigas reñían y luego se contentaban, era una tradición que compartieran un pastel de perdón.

Pida a sus estudiantes que escojan una pareja. De un par de pastelitos individuales, dos servilletas y un cuchillo de plástico. Explique que van a fingir que riñen. Y luego van a hablar sobre cómo pueden resolver felizmente esa riña. Cada persona debe decir "lo siento" y pedir perdón. Después, van a abrir su pastelitos, cortarlos a la mitad y disfrutar su pastel del perdón.

Materiales:
tarjetas de índice
marcadores
tijeras

Accesorios de Zona®:
oso con la Biblia

Despide al oso

Antes de la clase, recorte una tarjeta de índice más o menos del tamaño de la Biblia **del oso con la Biblia** (Oso de la Biblia). En esa tarjeta, dibuje una forma sencilla de la cabeza del oso. ¡Esta será una fotografía de uno de los amigos del oso de la Biblia! Prepare algo de información sobre el amigo oso para decirla a sus estudiantes. Coloque la fotografía en la Biblia del oso.

Levante al oso de la Biblia.

Diga: El osito de la Biblia está muy emocionado porque tiene algo dentro de su Biblia que quiere mostrarles

Pase el oso de la Biblia de estudiante en estudiante, para que vean la fotografía del amigo del osito de la Biblia. Proporcione un poco de información sobre ese amigo. Invite a sus estudiantes a que hagan algunas preguntas al osito de la Biblia sobre su amigo. Usted puede ayudar al osito a contestar las preguntas.

Diga: Apreciamos a nuestros amigos y las fotografías que tenemos de ellos. Dios quiere que seamos buenos amigos. Una manera importante en que podemos ser buenos amigos es recordarlos en nuestras oraciones. Yo voy a orar y cada vez que yo me detenga, quiero que piensen en uno de sus amigos a amigas. Cierren sus ojos.

Ore: Amado Dios, ayúdanos a recordarnos de orar por nuestros amigos y amigas. Te pedimos tu bendición sobre un amigo que hemos tenido por mucho, mucho tiempo (*Pause*)**. Te pedimos tu bendición sobre un nuevo amigo o amiga** (*Pause*)**. Te pedimos tu bendición por un amigo que está en problemas.** (*Pause*)**. Y te pedimos tu bendición para un amigo que nos ayudó a resolver un problema.** (*Pause*)**. Hacemos esta oración en el nombre de nuestro amigo y salvador, Cristo Jesús. Amén.**

Haga una copia de Zona Casera® para cada estudiante en su clase.

ZONA BÍBLICA®

Casera para padres

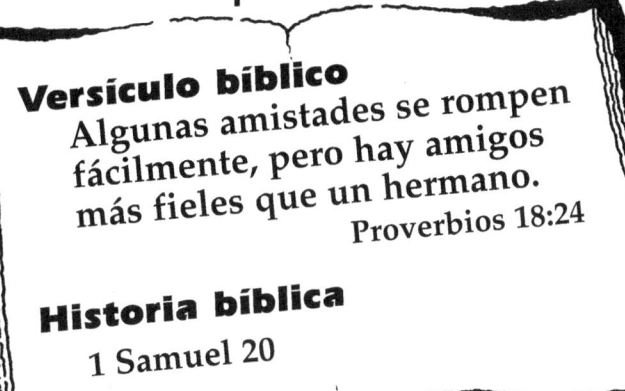

Versículo bíblico
Algunas amistades se rompen fácilmente, pero hay amigos más fieles que un hermano.
Proverbios 18:24

Historia bíblica
1 Samuel 20

En la Zona bíblica de hoy sus pequeños aprendieron sobre la amistad entre David y Jonatán, el hijo del rey Saúl. Luego de matar a Goliat, David se convirtió en un héroe muy popular entre el pueblo lo que causó celos en el rey, quien se sintió amenazado. Preocupado de que la vida de David estuviera en peligro, Jonatán prometió que le haría una señal con sus flechas tan pronto como supiera los verdaderos sentimientos de Saúl. Jonatán cumplió su promesa a su querido amigo, y David pudo escapar. Uno de los más grandes regalos que le puede dar a sus hijos o hijas es mostrarle el valor de la amistad. Invitar a los amigos o amigas de su hijo o hija a que vengan a la casa, llevar a los amigos a pasear, y llevar a sus propios hijos o hijas a la casa de alguna de sus amistades puede ser tedioso. Pero de hacerlo, está enfatizando la importancia de la amistad. Permita que su hijo o hija vea el valor de la amistad en su propia vida. ¡Llame por teléfono a ese gran amigo o amiga de la infancia!

Cadenas de la amistad

Con su hijo o hija haga una cadena o collar de la amistad para un amigo especial. Tal vez quiera invitar a algunas amistades de su hijo o hija para que vengan a su casa ¡y hagan esa actividad todos juntos!

Corte un trozo de cinta de dulce de regaliz (licorice) que sea suficiente para rodear la muñeca de la mano, y un poco más para poder atarla. Coloque cereal y/o dulces en la cinta. Ate los extremos con un nudo.

Después de que esa "joyería" se haya usado por un rato, se puede comer como un refrigerio chistoso.

Oración del A-M-I-G-O

Hoy su hijo o hija aprendió lo que significa ser un amigo leal y verdadero. Esta oración usa las letras de la palabra amigo para enfatizar algunas de las cualidades que valoramos en un amigo o amiga. Después de la oración tal vez quieran trabajar juntos para pensar en otras cualidades que coincidan con las letras:
"Amado Dios, te damos gracias por nuestros verdaderos y leales amigos. Cuando un amigo es Amoroso, es Misericordioso, se Interesa en nuestra vida, es Generoso y nos Ofrece ayuda cuando estamos pasando por problemas, entonces ese amigo o amiga es una bendición que viene de ti. Gracias. Amén".

Los amigos y las amigas deben ser leales y cuidarse entre sí.

Permiso de fotocopiado otorgado para el uso de la iglesia local. © 2008 Abingdon Press.

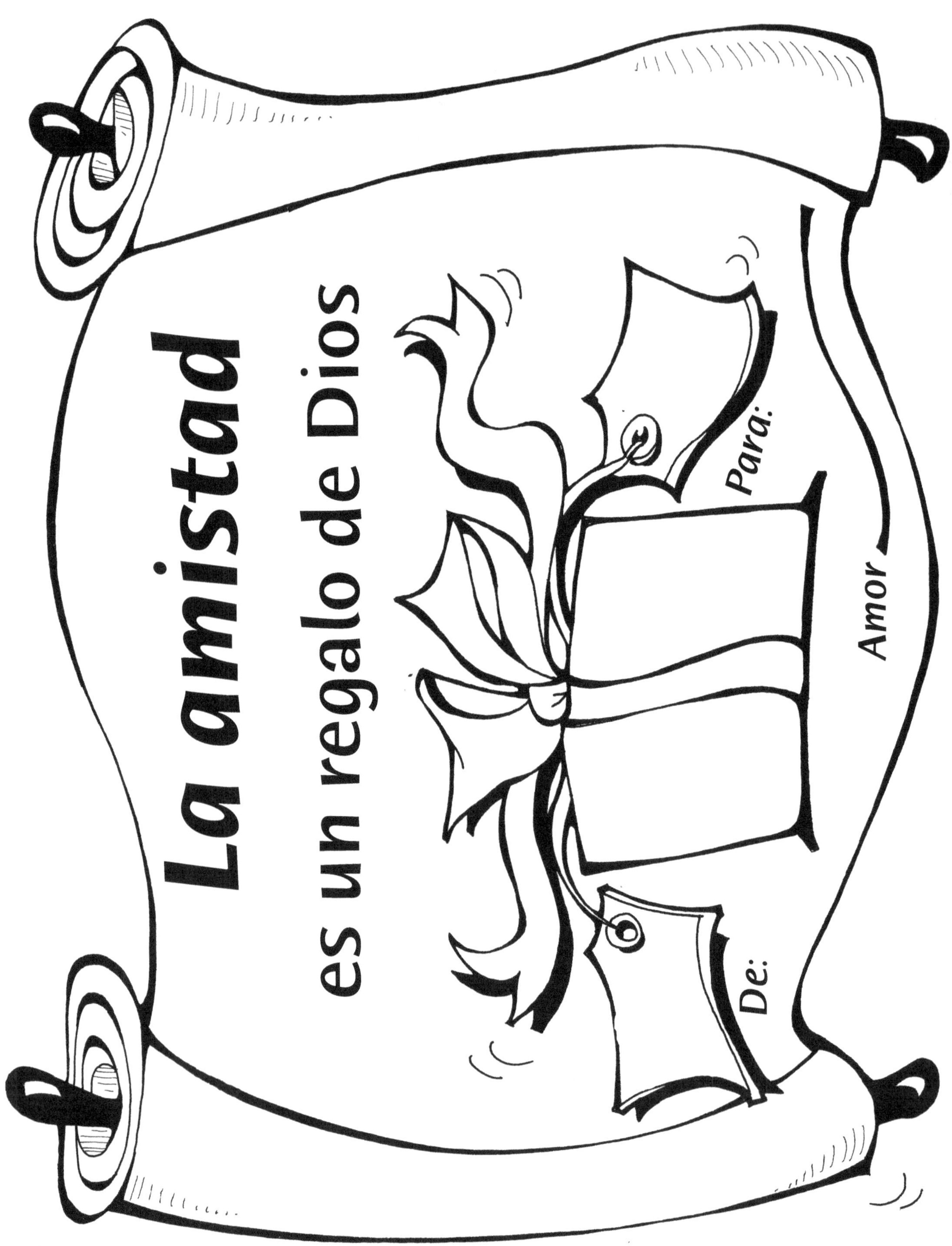

La amistad es un regalo de Dios

Para:

Amor

De:

Brazaletes de la amistad

David el rey

Entra a la ZONA

Versículo bíblico
Confía en el Señor y haz lo bueno.
Salmo 37:3a

Historia bíblica
2 Samuel 5:1-12

Luego de la muerte del rey Saúl, cuando David tenía treinta años de edad, la tribu de Judá lo eligió para que fuera su rey. David gobernó en Judá por siete años. Durante ese tiempo, David estuvo en guerra con el otro hijo de Saúl, Isboset, quien era el rey de Israel. Después de la muerte de Isboset, David se reunió con los líderes de Israel. Ellos le dijeron: "El Señor te ha prometido que tú serás quien dirija y gobierne a Israel". Y usaron aceite de oliva para ungir a David como rey de Israel. Así que David gobernó Judá e Israel durante los siguientes treinta y tres años.

Después de convertirse en rey de un reino unido, David decidió mover la capital de Hebrón a Jerusalén. Jerusalén estaba localizada en un lugar céntrico, y estratégicamente colocada entre colinas. En la historia bíblica de hoy, sus estudiantes aprenderán cómo David atacó Jerusalén, que pertenecía a los jebuseos, una tribu de origen cananeo. Los jebuseos, pensando que Jerusalén era impenetrable, se burlaron de David. Con mucha astucia, David envió sus tropas a entrar en la ciudad por un canal de agua que pasa por debajo de ésta. Así capturó la fortaleza de Sión. Al poco tiempo comenzó la reconstrucción de Jerusalén.

El rey Hiram de Tiro, proveyó carpinteros y canteros para construir el palacio de David.

La narración bíblica deja claro que David entendió que el "Señor... lo había hecho un poderoso rey por amor de su pueblo".

Hoy, el lema de En la Zona es: "Dios está con nosotros y nos ayuda a hacer grandes cosas" ¿Cuáles son esas grandes cosas? De seguro las personas adultas pueden discutir sobre ello, pero también lo pueden hacer sus estudiantes. ¿Acaso lo grandioso es el poder? ¿el valor? ¿la fama? ¿la inteligencia? ¿la generosidad? Anime la discusión; reconozca las diferentes opiniones entre sus estudiantes. Use esta lección para hablar sobre la variedad de grandes cosas que los adultos, los niños y niñas pueden hacer.

Al igual que usted quiere que sus estudiantes entiendan que Dios está con ellos, hágales saber que usted también está con ellos. Pregúnteles sobre su escuela, sus diversiones, sus entretenimientos, sus familias y sus actividades. A los niños y las niñas les gusta mucho recibir correo, así que ¿por qué no enviarles una nota de saludo a media semana? Las tiendas de papelería o las librerías tienen disponibles paquetes de tarjetas multicolores, o usted puede hacer sus propias tarjetas con calcomanías y tarjetas de índice. Haga saber a sus estudiantes que usted les tiene en el pensamiento y ora por ellos y ellas toda la semana!

Dios está con nosotros y nos ayuda a hacer grandes cosas.

Vistazo a la ZONA

ZONA	TIEMPO	MATERIALES	ACCESORIOS DE ZONA
Acércate a la ZONA			
Tiempo de llegada	10 minutos	Reproducible 11A, tijeras, crayones o marcadores, elástico o papel, engrapadora (opcional: escarcha de colores y pegamento).	ninguno
Grandes cosas	5 minutos	ninguno	pizarra de director
Zona Bíblica			
Coronado con buen carácter	5 minutos	coronas hechas anteriormente	corona de terciopelo
Quinta escena	5 minutos	ninguno	pizarra de director
David el rey: ensayo de efectos de sonido	5 minutos	jarra con agua, dos vasos de papel, dos platos de papel, dos cucharas de metal	
¡Haz lo bueno!	5 minutos	Reproducible 11B, Biblia, crayones, tijeras, cinta adhesiva	ninguno
Rodando alto	5 minutos	papel, bolígrafo, tijeras, canasta	dado de hule espuma
Zona de Vida			
Canta y celebra	5 minutos	tocadiscos de discos compactos, coronas	disco compacto
Cucharas elegantes	5 minutos	cucharas, chispas de chocolate de leche, chispas de dulce, papel encerado, tazones o vasos de papel, helado o yogurt de vainilla	ninguno
Despide al oso de la Biblia	5 minutos	bolígrafo o marcador	oso con la Biblia

Los Accesorios de Zona® se encuentran en el **Paquete de DIVERinspiración®**.

PRIMARIOS MENORES: LECCIÓN 11

Acércate a la

Escoja una o más actividades para capturar el interés de sus estudiantes.

Materiales:
Reproducible 11A
tijeras
elástico o papel
engrapadora
crayones o marcadores
opcional: escarcha de brillo y pegamento o

Accesorios de Zona®:
ninguno

Tiempo de llegada

Antes de la clase, haga fotocopias del **Reproducible 11A,** para cada estudiante, y una para usted.

Salude a cada estudiante conforme vayan llegando.

Diga: ¡Ah! Es el rey/reina (*nombre*). **Bienvenido/bienvenida y háganse una corona.**

Cuando las coronas estén decoradas, pida a sus estudiantes que las recorten. Luego ayude a colocar un trozo de elástico o una tira de papel con la engrapadora para que se la puedan poner sobre la cabeza

Diga: Reyes y reinas de la Zona Bíblica, Dios está con ustedes y les ayudará a hacer grandes cosas.

Materiales:
ninguno

Accesorios de Zona®:
pizarra de director

Grandes cosas

Diga: con la ayuda de Dios ustedes serán capaces de hacer grandes cosas en su vida.

Tome unos minutos para hablar sobre lo que significa hacer grandes cosas y cuáles serían esas grandes cosas. Recuerde que grandes cosas pueden ser desde ayudar a servir la comida en la cocina de asistencia a los pobres, ayudar a un pequeñito, a escribir una sinfonía, a anotar el punto ganado en un partido de fútbol, trabajar como doctor en un país pobre, ser un estudiante responsable, y ayudar con las tareas de la casa.

Levante la **pizarra de director**.

Diga: Yo soy (su nombre). **Esta es una película sobre mi vida. Algo grande que yo hago es:** (*mencione algo grande. Por ejemplo: ir al campamento de trabajo de la iglesia; hacer estudios avanzados; educar a sus hijos; viajar a un nuevo lugar; aprender a cocinar un pastel de manzana; organizar un evento de la comunidad*).

Ahora, pida a cada estudiante que tome su turno con la pizarra y diga la frase inicial, y luego añada algo grande que él o ella esperan hacer algún día.

Diga: Dios nos ayuda a hacer grandes cosas porque nos ama y porque guía nuestras vidas. La oración, el aliento de otros, trabajar fuerte, ser determinados, y tener una actitud positiva ayudará a que Dios te use para lograr grandes cosas.

Zona Bíblica®

Escoja una o más actividades para sumergir a sus estudiantes en la historia bíblica.

Coronado de buen carácter

Use esta actividad para revisar lo que sus estudiantes han aprendido sobre David en las primeras cuatro lecciones de esta unidad. Póngase la **corona de terciopelo**. Pida a sus estudiantes que usen las coronas que hicieron al comienzo de la clase.

Diga: Soy el rey David. Algunas de las grandes cosas que he hecho es cuidar bien a mis ovejas; ser un hijo obediente; haber sido escogido por Dios por mi buen corazón; tocar el arpa para animar al rey Saúl; matar a Goliat con mi honda; y ser leal a mi amigo Jonatán. (Permita a *sus estudiantes que tomen su turno para decir algo grande que el rey David hizo*). **Dios estaba con David y le ayudó a hacer grandes cosas. En la historia de hoy David es ungido como rey.**

Materiales:
las coronas que hicieron al inicio de la clase

Accesorios de Zona®:
corona de terciopelo

Quinta escena

Diga: Si alguna vez han visto una película o un programa de televisión sin sonido, ustedes saben qué extraño es ver toda la acción, pero no escuchar las voces y los otros sonidos que hacen que una historia parezca más real. Hace mucho tiempo, antes de que las películas tuvieran sonido y se inventara la televisión, la gente creó técnicas para hacer que los sonidos para las historias que se contaban por la radio sonaran realistas. Cuando hacían los efectos de sonido para los ruido de cascos, o de puertas que rechinaban, o de tormentas, estos sonidos hacían que la historia pareciera muy real.

Explique que la historia de hoy se hará otra vez como ensayo o recorrido. Pero esta vez el grupo hará los efectos de sonido. Para preparar esta actividad, cada estudiante tendrá la oportunidad de hacer el efecto de sonido que prefiera. Saque la **pizarra de director** y la tiza. Para la línea de "Producción" escriba *sonido*; en la línea de "Director" escriba su nombre; para la de "Cámara" escriba *Zona B*; en la de "Fecha" ponga la de este día; en la de "Escena" escriba *5*; y para la "Toma" escriba *1*. Muestre la pizarra a sus estudiantes mientras la lee.

Permita que sus estudiantes tomen turnos para marcar la pizarra mientras intentan hacer un sonido. Estas son algunas sugerencias: ruidos de animales, viento soplando, ruidos de motores; y sonidos de personas como: bostezos, ronquidos, y tos. Si el tiempo lo permite, el grupo puede hacer una segunda ronda de sonidos.

Diga: En la historia bíblica de hoy, David se convierte en rey, y Dios le ayuda a hacer grandes cosas.

Materiales:
tiza (gis)

Accesorios de Zona®:
pizarra de director

PRIMARIOS MENORES: LECCIÓN 11

Historia de la

David el rey: ensayo de efectos de sonido

Por Lisa Flinn y Barbara Younger

Si tiene estudiantes que puedan leer las partes de David, las tribus y los enemigos, haga copias de la obra para ellos. De no ser así, entonces usted leerá todas las partes.

Para los efectos de sonido, va a necesitar una jarra de agua. También va a necesitar dos vasos de papel, dos platos de papel, y dos cucharas de metal para cada estudiante. Practique los siguientes efectos de sonido con sus estudiantes:

Multitud: Aplaudir y gritar "!David, David!"

Ruido de cascos: Golpear suavemente la boca de uno de los vasos de papel con la del otro.

Pisadas en la arena: Frotar la base de uno de los platos de papel con la del otro.

Canal de agua: Vierta agua en los vasos de papel de sus estudiantes. Un poco menos de la mitad en cada vaso. Pida a sus estudiantes que viertan agua de un vaso al otro. Y luego que todos se tomen el agua.

Lucha de lanzas: Golpear las cucharas de metal una a la otra.

Martilleo: Golpear el fondo de los vasos de papel uno contra el otro.

Director: ¿Alguien tiene preguntas sobre los efectos de sonido? (conteste las preguntas). Muy bien, ¡entonces es tiempo de comenzar con nuestro ensayo! Cuando yo levante mi mano, esa será la señal para decirles cuál efecto de sonido tienen que hacer.

David: Oigo que alguien viene.

Director: (*Levante la mano*) ruido de cascos de animales y pasos.

Tribus: David, somos los líderes de las tribus de Israel. Tenemos que hablar contigo.

David: ¿Para qué?

Tribus: Incluso cuando Saúl era rey, tú nos dirigías en la batalla. Nosotros somos tu pueblo, y sabemos que el Señor nuestro Dios ha prometido que un día tú serías nuestro gobernante. Confiamos en que has de cuidarnos como un buen pastor cuida de sus ovejas.

David: ¿Ustedes quieren que yo sea su rey?

Tribus: Sí. Tú has sido rey de Judá, y nosotros queremos que también seas rey de Israel.

David: Está bien. Acepto.

Tribus: Entonces prometemos apoyarte.

David: Y yo prometo que seré un buen líder.

Director: (*levante la mano*) Multitud.

Tribus: Rey David, es tiempo de tomar Jerusalén para nuestro pueblo.

David: ¡Vamos a formar un ejército!

Director: (*levante la mano*) Pisadas y sonido de cascos de animales

Tribus: Rey David, estamos listos para atacar a Jerusalén.

Director: (*levante la mano*) Lucha de lanzas.

Enemigos: ¡Ja, ja, ja. ¡Miren quién está afuera de los muros de Jerusalén! No pueden entrar a nuestra ciudad. Les podemos ganar incluso si estuviéramos ciegos o no pudiéramos caminar.

David: Le voy a decir a mi ejército que tendremos que entrar a la ciudad por el canal de agua.

Director: (*levante la mano*) Canal de agua. (vierta agua en los vasos de sus estudiante).

Tribus: David, ¡Ya entramos a la ciudad! ¡Estamos derrotando al enemigo!

Director: (*levante la mano*) Lucha de lanzas.

David: Ahora que Jerusalén es nuestra, me voy a vivir allí.

Tribus: ¿Pero dónde te vas a quedar?

David: Vamos a reconstruir la ciudad. Y la voy a llamar la ciudad de David.

Tribus: El rey de Tiro le ha enviado materiales para construir. Solamente diga dónde quiere que construyamos su palacio.

David: Me gusta este lugar.

Director: (*levante la mano*) Martilleo.

David: Hace mucho tiempo yo era un pastor. Ni siquiera tenía caballo en que montar.

Director: (*levante la mano*) Ruido de cascos.

David: Pero fui valiente. Corrí a enfrentarme a Goliat y gané mi primera batalla.

Director: (*levante la mano*) Pisadas.

David: Durante muchos años estuve al frente de batallas sirviendo al rey Saúl.

Director: (*levante la mano*) Lucha de lanzas.

David: Finalmente, el pueblo me pidió que fuera su rey:

Director: (*levante la mano*) Multitud.

David: Ahora las tribus de Israel me han seguido a la batalla otra vez. ¡Tomamos a Jerusalén!

Director: (*levante la mano*) Lucha de lanzas.

David: Y ahora estamos reconstruyendo la ciudad.

Director: (*levante la mano*) Martilleo.

David: El Señor ha sido bueno conmigo y con mi pueblo.

Director: (*levante la mano*) Multitud.

Escoja una o más actividades para sumergir a sus estudiantes en la historia bíblica.

Materiales:
Reproducible 11B
Biblia
crayones
tijeras
cinta adhesiva

Accesorios de Zona®:
ninguno

¡Haz lo bueno!

Antes de la clase, haga fotocopias del **Reproducible 11B** para cada estudiante.

Diga: El versículo bíblico de hoy es "Confía en el Señor y haz lo bueno" (Salmo 37:3). David confió en el Señor y trató de hacer el bien. Podemos aprender a confiar en Dios y hacer el bien realizando estas seis cosas sencillas:

Reparta los reproducibles y lea el texto cuadro por cuadro. Pregunte a sus estudiantes lo qué piensen sobre cómo estas prácticas nos pueden ayudar a vivir en la forma correcta. Pida a sus estudiantes que coloreen y recorten en libro de zigzag. Muestre cómo unir las tiras con cinta adhesiva para hacer una tira larga, después doble la tira en forma de abanico para crear un libro de zigzag.

Diga: Conforme traten de vivir correctamente, recuerden que Dios está con ustedes. Con la ayuda de Dios ustedes pueden hacer grandes cosas.

Materiales:
papel
bolígrafo
tijeras
canasta

Accesorios de Zona®:
dado de hule espuma

Rodando alto

Antes de la clase, recorte seis recuadros pequeños. Numere los recuadros del 1 al 6, doble cada uno, y colóquelos en la canasta.

Divida a sus estudiantes en grupos de dos o tres. Dé a cada estudiante un **dado de hule espuma**. Todos van a tirar su dado cuando usted diga "¡Ahora!" El niño o niña en cada grupo que haya sacado el numero más grande en su dado sacará un recuadro de papel de la canasta. Vaya a cada grupo y dígales la situación problemática escrita abajo que corresponda con el número.

1. Un niño se sienta a tu lado en la escuela quiere copiar las respuestas de tu examen.
2. Ves que a una niña se le cae un dólar en el pasillo de la escuela.
3. Uno de tus amigos quiere decirte el secreto de alguien.
4. Nadie sabe que derramaste un líquido pegajoso sobre el teclado de la computadora.
5. La niña nueva en la clase, se sigue sentando sola durante el almuerzo.
6. En el patio de juego, alguien te golpeó y tú también le golpeaste.

Cada grupo discutirá cómo hacer lo correcto en esa situación. Después pida que cada grupo comparta con el resto del grupo esa situación problemática y lo que pensaron.

Diga: Dios está con ustedes y quiere ayudarles a hacer el bien todos los días y en toda situación.

 de Vida

Elija una o más actividades para que la Biblia cobre significado en la vida diaria.

Canta y celebra

Enseñe a sus estudiantes la letra de "Aplaudid" (**disco compacto, pista 11**). Mientras cantan, pídales que aplaudan cada vez que escuchen la palabra *aplaudid*.

Pida que se pongan sus coronas.

Diga: Cuando usamos una corona, nos sentimos importantes. Vamos a cantar este cántico otra vez en celebración de las grandes cosas que Dios te ayudará a hacer en tu vida.

Considere pedirle a sus estudiantes que usen sus coronas mientras cantan el cántico para otro grupo de la iglesia.

Aplaudid

¡Aplaudid! ¡Aplaudid! Cántale y alaba en gozo.
¡Aplaudid! ¡Aplaudid! Cántale y alaba en gozo.
¡Aplaudid! ¡Aplaudid!

¡Bueno es Dios!
¡Le damos gloria!
¡Bueno es Dios!
¡Le damos gloria!

LETRA: Handt Hanson y Paul Murakami; trad. Julito Vargas
MÚSICA: Handt Hanson y Paul Murakami
© 1991; trad. ã 2008 Changing Church Forum

Materiales:
Tocadiscos de discos compactos
coronas

Accesorios de Zona®:
disco compacto

 **de Vida**

Escoja una o más actividades para que la Biblia cobre significado en la vida diaria.

Materiales:
cucharas,
chispas de chocolate
chispitas de dulce
papel encerado
tazones o vasos de papel
helado o yogurt de vainilla

Accesorios de Zona®:
ninguno

Cucharas elegantes

Haga las cucharas elegantes antes de la clase. Derrita las chispas de chocolate a fuego medio. Sumerja las cucharas (de plástico o metal) en el chocolate derretido, después cúbralos con chispitas de dulce. Colóquelas sobre el papel encerado para que se endurezcan.

Sus estudiantes pueden usar sus cucharas elegantes para comer su helado o yogurt de vainilla.

Diga: Hoy ustedes están comiendo su refrigerio con cucharas elegantes. Este es un refrigerio digno de un rey o una reina.

Materiales:
bolígrafo o marcador

Accesorios de Zona®:
oso con la Biblia

Despide al oso de la Biblia

Antes de la clase, dibuje una corona en la Biblia del **osito con la Biblia** (osito de la Biblia).

Pase a el oso de la Biblia de estudiante en estudiante, pidiendo a sus estudiantes que miren en su Biblia para ver si distinguen el nuevo símbolo dibujado allí. Pida a sus estudiantes que no digan lo que vean.

Pregunte: ¿Qué nuevo símbolo encontraron en la Biblia del oso de la Biblia? Una corona. Vamos a imaginarnos que al oso de la Biblia la han hecho rey de los osos. ¿Qué grandes cosas creen que podría hacer como rey de los osos? (*declarar un día especial para celebrar a todos los osos; marchar al frente de un desfile de osos; hacer una ley para que se sirva miel en cada comida; invitar a todos los osos jóvenes para que vayan al castillo para tener una celebración para osos*).

Diga: Dios está contigo y quiere que hagas grandes cosas con tu vida. Vamos a repetir este poema-oración todos juntos.

Diga una línea de la oración, y haga que sus estudiantes la repitan después de usted.

**Ore:
Amado Dios:
Tal vez no seremos reyes o reinas cuando crezcamos
Pero sabemos que nos ayudarás a hacer grandes cosas,
Sabemos que guiarás nuestras vidas,
Y nos mostrarás las muchas maneras en que podemos servir.
Tal vez no seremos reyes o reinas, cuando crezcamos,
Pero, gracias Dios, por ayudarnos a hacer grandes cosas. Amén.**

Haga una copia de Zona Casera® para cada estudiante en su clase.

Casera para padres

Versículo bíblico
Confía en el Señor y haz lo bueno.

Salmo 37:3

Historia bíblica
2 Samuel 5:1-12

En la Zona Bíblica de hoy, su hijo o hija aprendió cómo David se convirtió en Rey de Israel y cómo conquistó la ciudad de Jerusalén. David, con mucha astucia, mandó a sus tropas a entrar por el canal de agua que había bajo la ciudad y de esta manera capturó la fortaleza de Sión, arrebatándole así la ciudad de Jerusalén a los jebuseos. El relato bíblico deja claro que David entendió que el "Señor... lo había hecho un poderoso rey por amor de su pueblo". La mayoría de los padres sueñan que sus hijos o hijas crecerán para hacer grandes cosas, como hizo el rey David hace mucho tiempo atrás. Esta semana hable con sus hijo o hija sobre lo que significa hacer grandes cosas. Discuta las grandes cosas que usted y otros miembros de la familia han hecho. Recuérdele que las grandes cosas no necesitan ser hazañas heroicas o algo que le traiga fama. Tal vez las más grande de todas las cosas es vivir bien con su familia y con Dios.

Pintura brillante

¡Esta es la receta para una resplandeciente pintura digna de un rey o una reina! Mezcle ⅓ de taza de almíbar de maíz y 6-8 gotas de colorante para comida. Lentamente bata y añada escarcha de brillo. Use una brocha para crear una pintura para el castillo real. Deje pasar un día o dos para que la pintura seque.

La oración de gratitud

Pase un tiempo platicando con su hijo o hija sobre las grandes cosas que él o ella han hecho. Dios puede ayudarnos a hacer grandes cosas, ¡no importa la edad que tengamos! Haga esta oración con sus hijo o hija:

"Amado Dios, el joven pastorcito David, creyó en ti; y con tu ayuda, se convirtió en un gran rey. Por favor acompáñame mientras voy creciendo, y también ayúdame a hacer grandes cosas por ti. Amén".

Dios está con nosotros y nos ayuda a hacer grandes cosas.

Permiso de fotocopiado otorgado para el uso de la iglesia local. © 2008 Abingdon Press.

PRIMARIOS MENORES: LECCIÓN 11

Corona

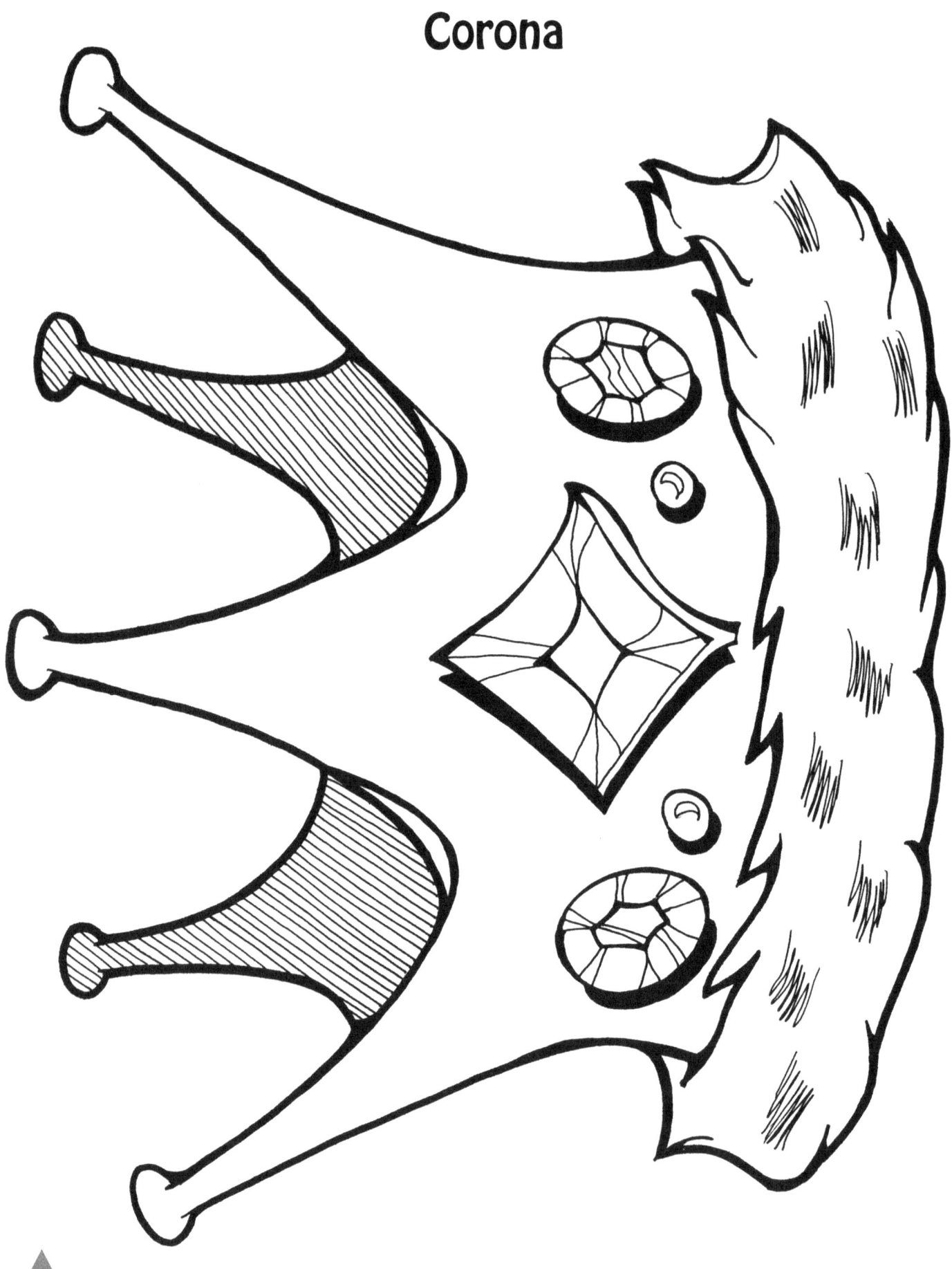

Reproducible 11A

Libros zigzag

Confía en el Señor

Ir a la iglesia.

Orar.

Leer la Biblia.

Piensa en lo que haría Jesús.

Tener buenos amigos.

Obedecer los mandamientos.

¡Y haz lo bueno!
(Salmo 37:3)

David unifica el reino

Entra a la ZONA

Versículo bíblico
En labios de los buenos, la alabanza es hermosa.

Salmo 33:1

Historia bíblica
2 Samuel 6:1-19; 7:18-29

En las primeras traducciones de la Biblia al cofre sagrado se le llamaba el arca del pacto. El cofre era una caja de madera recubierta con oro. Tenía una tapa de oro puro con dos querubines labrados a martillo en los dos extremos. La tapa era llamada "el propiciatorio" o trono de la misericordia. Según leemos en las Escrituras en el propiciatorio se manifestaba la presencia de Dios. También nos relata que contenía las dos tablas de la ley que Moisés trajo de la montaña. El cofre sagrado iba delante del pueblo durante su peregrinaje por el desierto después del Éxodo, y los dirigió a la tierra prometida.

Durante una de las guerras de los israelitas, anteriores al reinado de Saúl, los filisteos capturaron el cofre sagrado. Pero Dios les causó tantos problemas, que devolvieron el cofre montado en un carro tirado por bueyes.

Después de la captura de Jerusalén, David quiso traer el cofre sagrado a la ciudad. El traslado de este objeto tenía el propósito de establecer un fuerte vínculo religioso entre las tribus del norte y Jerusalén, bajo el gobierno de David, y fue ocasión de gran gozo.

David y los que le acompañaban, danzaron como parte de esta gozosa ocasión. En la antigüedad, la gente danzaba en lugares seculares y era parte de la mayoría de los festivales religiosos, y el Salmo 149:3 dice: "Alaben su nombre [de Dios] con danzas".

Si alguna vez ha estado en un concierto al aire libre, tal vez hayan visto a los pequeñines danzando felizmente al ritmo de la música. Conforme van creciendo, los niños y niñas van sintiendo un poco de vergüenza. Use la lección de Zona Bíblica y las actividades para animar a sus estudiantes a alabar al Señor con danza. Tal vez tenga estudiantes que estén tomando lecciones de danza litúrgica. ¡Permita que les dirijan!

Al hablar sobre las celebraciones, enseñe a sus estudiantes de Zona Bíblica el gozo que usted experimenta al ser su maestro o maestra. Permita que entiendan que usted ama el trabajo que hace con ellos. ¡Cada día es una celebración con los maravillosos niños y niñas a quienes usted enseña!

Alabamos a Dios con celebraciones.

Vistazo a la

ZONA	TIEMPO	MATERIALES	ACCESORIOS DE ZONA®
Acércate a la ZONA®			
Tiempo de llegada	5 minutos	Reproducible 12A, crayones, cinta adhesiva, serpentinas de cinta o papel crepé, tijeras, engrapadora	ninguno
Celebrar con los Accesorios de Zona	5 minutos	bolsa	ver página 144
Zona Bíblica®			
Coronado de buen carácter	5 minutos	ninguno	coona de terciopelo
Sexta escena	5 minutos	platos de papel, engrapadora, tijeras, marcadores	ninguno
David une al reino: una "extravaganza"	5 minutos	ninguno	mini-panderos
Pendones para alabar a Dios	5 minutos	Reproducible 12B, Biblia, tijeras, cinta adhesiva, sorbetes (popotes)	ninguno
Maneras de celebrar	5 minutos	tablero de juego de dados	dado de hule espuma
Zona de Vida			
Canta y celebra	5 minutos	tocadiscos de discos compactos	disco compacto, mini-panderos, collares de esferas
Ponche personal para fiesta	5 minutos	diferentes tipos de sodas y/o jugos, sorbetes (popotes), vasos grandes, pretzels, servilletas	ninguno
Despedir al oso de la Biblia	5 minutos	bolígrafo o marcador	oso con la Biblia, oso de colores

◉ Los Accesorios de Zona® se encuentran en el **Paquete de DIVERinspiración®**.

PRIMARIOS MENORES: LECCIÓN 12

Acércate a la ZONA

Escoja una o más actividades para capturar el interés de sus estudiantes.

Materiales:
Reproducible 12A
crayones
cinta adhesiva
serpentina de cinta o papel crepé
tijeras
engrapadora

Accesorios de Zona®:
ninguno

Tiempo de llegada

Antes de la clase, fotocopie el **Reproducible 12A**, una por estudiante, y una para usted.

Diga: ¡Bienvenidos a la celebración de Zona Bíblica de hoy!

Invite a sus estudiantes a colorear las hojas usando colores brillantes y que luego unan las hojas decoradas, ya sea vertical u horizontalmente, para forma un banderín de celebración. Si tienen trozos de cinta o papel crepé, deje que los corten y los engrapen a sus banderines.

Cuelgue los banderines de celebración en el salón de clase o en algún otro lugar. Retroceda un poco y anime a todos a admirar sus hermosos banderines.

Diga: Las celebraciones son maneras festivas para alabar a Dios por todo lo bueno que trae a nuestras vidas.

Materiales:
bolsa

Accesorios de Zona®:
pizarra de director
corona de terciopelo
collares de bolas de disco(teca)
cencerro
mini-panderos
dado de hule espuma
Martillo inflable
oso de colores

Celebra con los Accesorios de Zona

Coloque los Accesorios de Zona en una bolsa. Si tiene más de ocho estudiantes, pida que trabajen por parejas.

Levante la bolsa.

Diga: Hoy estamos hablando sobre las celebraciones. En esta bolsa tenemos algunos de nuestros Accesorios de Zona. Sin mirar, saque uno de los Accesorios y nos van a decir una manera en que pueden usarlo en una celebración. ¡No importa que parezca algo muy alocado!

Aquí hay algunas posibles respuestas si sus estudiantes necesitan algunos ejemplos:

Pizarra de director: para dirigir un video de la celebración.
Corona de terciopelo: para usarla como un sombrero chistoso en la celebración.
Collar de esferas: para usarla como parte de un disfraz para la celebración.
Cencerro: para tocarlo durante la celebración.
Mini-panderos: para hacer ruidos divertidos durante la celebración.
Dado de hule espuma: para usarla en un juego en la celebración.
Martillo inflable: para ayudar a colgar los adornos para la celebración.
El oso de colores: para invitar a la celebración.

Diga: ¡Las celebraciones son divertidas! Dios quiere que disfrutemos nuestras vidas y que celebremos.

Escoja una o más actividades para sumergir a sus estudiantes en la historia bíblica.

Coronado de buen carácter

Póngase la **corona de terciopelo**

Diga: Soy el rey/reina celebración. Una manera en que me gusta celebrar es (*horneando pasteles bonitos, haciendo danzas tontitas, tocando el piano, o cantando mis canciones favoritas. Pida a sus estudiantes que tomen turnos usando la corona y diciendo una manera en que les gusta celebrar*).

Diga: ¡Existen diferentes formas de celebrar! En la historia bíblica de hoy, nos enteraremos de una de las celebraciones del rey David.

Materiales:
ninguno

Accesorios de Zona®:
corona de terciopelo

Sexta escena

Diga: Los actores en los programas de televisión, las películas, y las obras de teatro usan vestuarios. Incluso los vestuarios más comunes han sido planeadas por el departamento de vestuario. Los vestuarios son divertidos, especialmente los raros como los de los de vaqueros, los trajes espaciales, y las colas de sirena. En la historia bíblica de hoy, el rey David peleó varias batallas para unir al reino. Para ayudarnos con nuestra obra, vamos a hacer vestuarios de soldados muy sencillos.

Saque los platos de papel y los otros materiales. Para hacer un casco de soldado, pida a sus estudiantes que decoren el fondo de dos platos de papel. Cuando los platos estén coloreados, deberán juntar las dos orillas con los lados decorados hacia fuera. Una los platos engrapándolos por la orilla. Engrape solamente la mitad de la circunferencia. Sus estudiantes se podrán colocar la parte abierta sobre sus cabezas. Para hacer los escudos, cada estudiante deberá colorear el fondo de un plato de papel. Mientras trabajan, corte platos a la mitad, uno por estudiante. Cuando sus estudiantes hayan terminado, junte las orillas del medio plato con la del plato decorado con los fondos hacia fuera. Engrape las orillas. Pídales que sostengan los escudos deslizando su mano entre los dos platos. Pídales que usen los cascos y escudos mientras usted les guía en una marcha por el salón.

Diga: ¡Parecen soldados! David y sus soldados tuvieron éxito al unir al reino. Ellos alabaron a Dios con celebraciones. Todos vamos a gritar: "¡Gloria a Dios!"

Materiales:
platos de papel
engrapadora
tijeras
marcadores

Accesorios de Zona®:
ninguno

PRIMARIOS MENORES: LECCIÓN 12

Historia de la  Bíblica

David une al reino: una "extravaganza"

Por Lisa Flinn y Barbara Younger

Para escenificar la obra, sus estudiantes usarán sus vestuarios de soldados, y también sus **mini-panderos** de los Accesorios de Zona. Divida a sus estudiantes en cuatro grupos.

El grupo uno, hará una danza de celebración. El grupo dos ensayará el verso bíblico: "En labios de los buenos, la alabanza es hermosa" con la tonada de "Rema, rema, en tu bote". El grupo tres practicará a marchar. El grupo cuatro practicará a hacer sonidos de celebración con los mini-panderos.

Después de que los grupos hayan practicado por unos minutos, una al grupo uno y el dos para que practiquen la danza y la canción juntos. Ellos son el grupo unido de la danza. Una al grupo tres y al cuatro para que practiquen la marcha con los mini-panderos. Ellos son el grupo unido de la marcha. Como director de la extravaganza, usted le indicará a cada grupo cuándo le corresponde hacer su parte. Usted leerá los diálogos. Si recluta a lectores invitados, ellos leerán las partes de David y Dios.

Diga: Hoy nuestra obra es una extravaganza, que significa una producción de teatro espectacular. Nuestra producción será espectacular porque cantaremos, danzaremos, marcharemos, haremos sonidos de celebración y usaremos vestuarios especiales. Mientras escuchamos cómo el rey David unificó al reino y trasladó el cofre sagrado hasta Jerusalén, ¡nosotros alabaremos a Dios con una celebración!

David: Los filisteos han escuchado que ahora yo soy el rey. Esperan sorprenderme, a mi y a mi ejército. Señor mi Dios, ¿qué debo hacer? Si los ataco, ¿me guiarás?

Dios: David, si tú atacas, yo te guiaré.

Director: (*Señale al grupo unido de marcha*) Marchen alrededor del salón una vez, pero no usen sus panderos hasta que yo les diga.

David: Señor, tú abriste camino a través de mis enemigos como un torrente de agua, pero han vuelto y otra vez están en el valle. Señor, ¿qué puedo hacer?

Dios: No los ataques de frente, sino rodéalos y atácalos por la retaguardia. Espera en los árboles de bálsamo hasta que escuches el ruido de pasos por encima de las copas de los árboles, y entonces atácalos, porque eso significa que yo voy delante de ti.

Director: (*Señale al grupo unido de marcha*). Marchen alrededor del salón una vez más.

David: Señor, hice lo que me dijiste ¡y hemos derrotado a los filisteos!

Director: (*Señale al grupo unido de danza*) Dancen alrededor y canten alrededor del salón una vez.

David: Mi Señor, mi ejercito y yo hemos unido al reino. Ahora permíteme dirigir a estos treinta mil soldados de Israel para trasladar el cofre sagrado y llevarlo a Jerusalén.

Director: (*Señale al grupo unido de marcha*) Comiencen a marchar alrededor del salón y sigan marchando. ¡Pero todavía no usen sus panderos!

David: Soldados: pongan el cofre sagrado en este nuevo carro tirado por bueyes. Protéjanlo y guíenlo por el camino.

Director: (*Señale al grupo unido de danza*) Dancen y canten alrededor del salón una vez.

David: Si, pueblo de Israel, ¡vamos a danzar, cantar y a hacer sonidos de celebración! ¡Estoy muy feliz! ¡Todos estamos felices!

Director: (*Señale al grupo unido de danza*) Dancen y canten alrededor del salón. (Señale al grupo unido de marcha) ¡Toquen sus panderos mientras marchan!

David: ¡Alto! ¡Todos paren! Algo ha sucedido a uno de los hombres que estaba ayudando con el cofre sagrado. Tal vez Dios está enojado. Debemos dejar el cofre aquí por un tiempo. ¡Soldados! ¡Salgamos de este lugar!
Director: (Señale a ambos grupos) colóquense en las orillas del salón.

David: Alguien ha venido a mi, el rey, para decirme que Dios ha bendecido al hombre que ha estado cuidando el cofre sagrado. De seguro que esto significa que el Señor ya no está enojado. Una vez más iremos para trasladar el cofre sagrado de Dios.

Director: (*Señale al grupo unido de marcha*) Marchen alrededor del salón una vez más y hagan ruidos de celebración.

David: Quiero danzar muy feliz. ¡Quiero alabar al Señor con celebraciones!

Director: (*Señale al grupo unido de danza*) Canten y dancen alrededor del salón una vez.

David: Hemos traído ofrendas al Señor. Hemos trasladado el cofre sagrado hasta Jerusalén, ¡y hemos adorado al Señor con una gran celebración!

Director: (*Señale a los dos grupos*) caminen alrededor del salón una vez y luego deténganse y quédense calladitos.

David: Señor Dios todopoderoso, no merezco todo lo que me has dado. Soy tu siervo. Nadie es como tú. Solamente tú eres Dios eterno. Tú has escogido a este pueblo. Tú me has escogido, has cumplido la promesa que me hiciste. Tú me has cuidado y me has bendecido con cosas buenas. ¡Y creo que bendecirás a mi familia para siempre!

Director: (*Señale a los dos grupos*) ¡Marchen y celebren con júbilo! ¡Dancen y canten!

David: ¡Alaben a Dios! ¡Yo alabo a Dios y celebro con júbilo!

Director: (*Comiencen a aplaudir*). Gracias a todos. Hicieron un buen trabajo. Hagan una caravana.

Escoja una o más actividades para sumergir a sus estudiantes en la historia bíblica.

Materiales:
Reproducible 12B
Biblia
tijeras
cinta adhesiva
sorbete (popotes)

Accesorios de Zona®:
ninguno

Pendones para alabar a Dios

Antes de la clase, haga fotocopias del **Reproducible 12B** para cada estudiante.

Diga: En nuestra extravaganza alabamos a Dios danzando y marchando, cantando y haciendo muchos sonidos divertidos. Otra manera de alabar a Dios es dando vítores y ondeando un pendón o una bandera. Nuestro texto bíblico de hoy es el coro de algo que ustedes ya cantaron antes: "En labios de los buenos, la alabanza es hermosa" (Salmo 33:1). Vamos a cantar este versículo una vez más (con la tonada de "Rema, rema, rema tu bote").

Invite a sus estudiantes a decorar sus pendones, recortarlos, y después pegarlos a un sorbete (popote). Cuando los pendones estén terminados, divida a sus estudiantes en dos grupos. Pida que se coloquen frente a frente. Pida que el grupo uno ondee sus pendones, brinquen y griten "¡Gloria a Dios!" una y otra vez. Dirija al grupo dos para que aplaudan con entusiasmo y griten el versículo bíblico. Cuando lo hayan hecho, haga que los grupos intercambien actividades.

Materiales:
tablero de juego de dados

Accesorios de Zona®:
dado de hule espuma

Maneras de celebrar

Coloque el tablero de juego que hicieron en la Lección Diez. Entregue a cada estudiante un **dado de hule espuma**. Diga a sus estudiantes que uno por uno, van a tirar su dado hacia el tablero de juego. Después de tirarlo, contarán el número que les salió en la cara de arriba del dado. Este es el número de estudiantes con los que van a celebrar, mencionarán los nombres de esas personas.

Ahora, van a contar el número de puntos que hay en el recuadro del tablero donde cayó su dado. Este número le dará la cantidad de maneras en que pueden celebrar. Van a mencionar esas maneras de celebrar (por ejemplo: con un picnic en el parque, ir a un restaurante de pizza, un grito festivo, haciendo un banderín, o haciendo un pastel especial).

Cuando termine el juego, recoja los dados.

Pregunte: ¿Cuál celebración en la iglesia a ustedes les gusta más? ¿Qué les gusta de esta celebración? (las velas del culto de Navidad y el chocolate caliente que viene después, nuestro picnic en el parque, los bautizos cuando el bebé usa una ropa elegante, las cenas en la iglesia con toda la comida tan buena). **las celebraciones son parte de nuestra iglesia y parte de nuestra vida como cristianos. ¡Gracias a Dios por las celebraciones en la iglesia**

 de Vida

Escoja una o más actividades para que la Biblia cobre significado en la vida diaria.

Canta y celebra

Haga una copia de la letra de este cántico para cada estudiante o haga un cartel con la letra para que toda la clase pueda verlo.

Enseñe a sus estudiantes "Vengan con gratitud a Dios" (**disco compacto, pista 13**).

Diga: Este es un canto de celebración para alabar a Dios.

Pida a sus estudiantes que continúen usando sus **collares de esferas**. Dé a cada estudiante un **mini-pandero**. Invite a sus estudiantes a sonarlos mientras cantan.

Finalmente, puesto que el rey David celebró con danza, pida a sus estudiantes que tomen turnos para dirigir algunas danzas improvisadas al ritmo del cántico.

Vengan con gratitud a Dios

Vengan con gratitud a Dios,
alabanzas en sus puertas del templo de Dios.
Porque Dios es bueno;
porque Dios es bueno.

LETRA: Salmo 100:4-5a (adaptado); trad. por Jorge A. Lockward
MÚSICA: Phillip R. Dietterich
© 1964 Graded Press; trad. © 1996 Cokesbury, admin. por The Copyright Company, Nashville, TN 37212

Materiales:
tocadiscos de discos compactos

Accesorios de Zona®:
disco compacto
mini-panderos
collares de esferas

Zona de Vida

Escoja una o más actividades para que la Biblia cobre significado en la vida diaria.

Materiales:
diferentes tipos de sodas y/o jugos
sorbetes (popotes, pitillos)
vasos grandes
pretzels
servilletas

Accesorios de Zona®:
ninguno

Ponche personal

Diga: Cuando van a una fiesta, con frecuencia les sirven ponche. Hoy, ¡ustedes van a hacer su propio y muy personal ponche para fiesta!

Sus estudiantes se divertirán mucho mezclando su propio ponche con una variedad de sodas y jugos. La manera para hacer menos desastre es usar bebidas de latas pequeñas. Cuando ya hayan mezclado su ponche, sírvalo con pretzels.

Materiales:
bolígrafo o marcador

Accesorios de Zona®:
oso con la Biblia
oso de colores

Despedir al oso de la Biblia

Antes de la clase, dibuje un pastel en una de las páginas de la Biblia del **osito de la Biblia**.

Levante el oso de la Biblia. Páselo de estudiante en estudiante, pidiéndoles qué miren en su Biblia para ver si distinguen el nuevo dibujo. Pase alrededor al **oso de colores** (oso navideño), e invite a sus estudiantes a saludar al viejo amigo.

Pregunte: ¿Vieron lo que hay nuevo en la Biblia del oso de la Biblia? (*un pastel de cumpleaños*). **¿Alguien recuerda cuándo el oso navideño celebró su cumpleaños?** (*más o menos por el tiempo de la Navidad*) **¡Hoy es el cumpleaños del osito de la Biblia! Vamos a ayudarle a celebrar cantándole "Feliz Cumpleaños".** (*dirija a sus estudiantes en el canto*). **Los cumpleaños son celebraciones divertidas. La celebración de cumpleaños es una buena ocasión para alabar a Dios por nuestras vidas y por las muchas bendiciones que recibimos. ¿Cuáles son otras celebraciones que ustedes disfrutan?** (*bodas, bautismos, fiestas, días de campo, reuniones familiares, ceremonias de premiación, ceremonias deportivas, desfiles y reuniones de días festivos*).

Dirija a sus estudiantes en la siguiente oración de celebración. Haga que griten cada una de las líneas después de usted.

Ore: ¡Celebren! (*repetir*)
¡Celebren! (*repetir*)
¡Celebren! (*repetir*)
Todas las cosas pequeñas (*repetir*)
Y todas las cosas grandes (*repetir*)
¡Celebren! (*repetir*)
¡Celebren! (*repetir*)
¡Celebren! (*repetir*)
Gracias, oh Dios (*repetir*)
Amén. (*repetir*)

Haga una copia de Zona Casera® para cada estudiante.

# Casera para padres

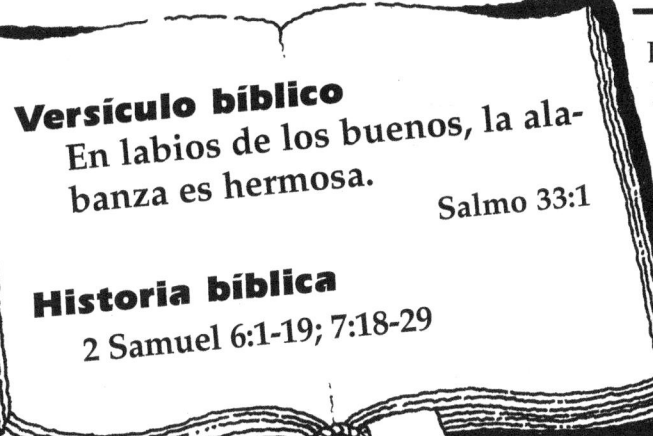

Versículo bíblico
En labios de los buenos, la alabanza es hermosa.
Salmo 33:1

Historia bíblica
2 Samuel 6:1-19; 7:18-29

Luego de la captura de Jerusalén, David hizo planes para transportar el cofre sagrado hasta ésta ciudad. Al cofre sagrado, también conocido como el Arca del Pacto, contenía las dos tablas de la ley. El traslado de este amado objeto sagrado hasta Jerusalén, establecía un fuerte vínculo religioso de todas las tribus con ésta ciudad. Significaba la unificación de las tribus bajo el gobierno de David y fue ocasión de gran regocijo. Con frecuencia, cuando los adultos hablan sobre su niñez, las celebraciones familiares están entre sus gratos recuerdos. La lección de hoy de Zona Bíblica, trató sobre alabar a Dios con celebraciones. En honor de esta lección, esta semana celebre con sus hijos o hijas. ¡Sea creativo! Cualquier día es bueno para celebrar las muchas bendiciones de Dios.

Conos de celebración

¡Celebren con estos festivos conos! Disuelva gelatina en una taza de agua caliente. Añada una taza de agua fría y enfríe hasta que se asiente. Corte la gelatina y sirva cucharadas en conos de helado. ¡Agregue crema chantilly, chispitas de dulce y cerezas!

Oración de celebración

Esta semana busque maneras para celebrar con sus hijos o hijas visitando un lugar especial, disfrutando una comida festiva como los conos de celebración (ver al lado), o haciendo globos felices, sombreros divertidos, o instrumentos para hacer ruido. Use la siguiente oración como parte de la celebración:

"Amado Dios, somos una familia, y somos tu pueblo. Algunas veces estamos demasiado ocupados para celebrar las pequeñas cosas y las grandes en nuestras vidas. Hoy queremos darte gracias y celebrar todas las bendiciones que nos has dado. Amén".

Alabamos a Dios con celebraciones.

¡Celebra!

Pendones para alabar a Dios

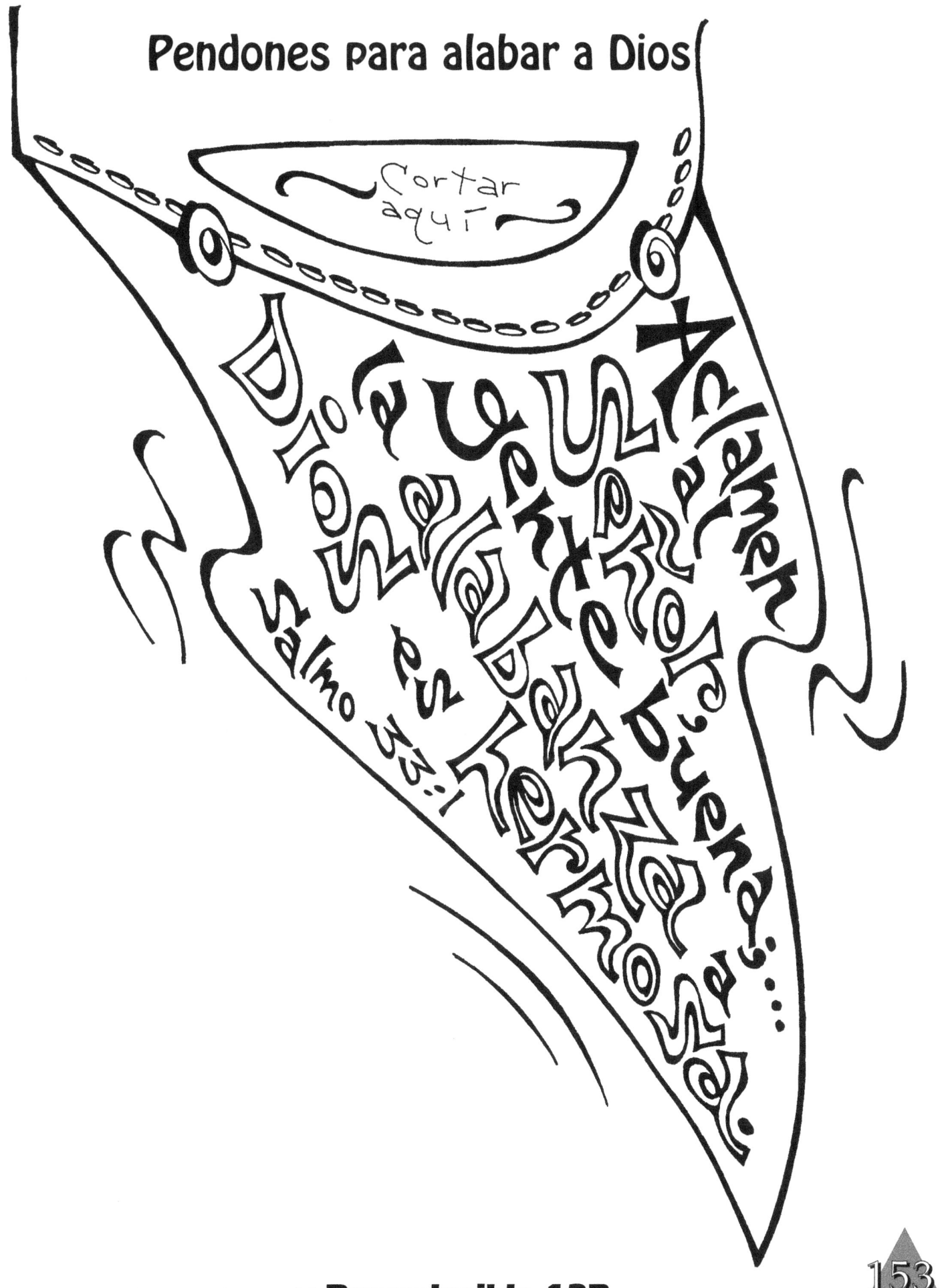

Salomón el rey sabio

Entra a la ZONA

Versículo bíblico
Cumple las ordenanzas del Señor tu Dios, haciendo su voluntad.

1 Reyes 2:3

Historia bíblica
1 Reyes 2:1-4

David se acercaba al final de su vida, en este momento escogió a su hijo Salomón como su sucesor. La última historia de esta unidad trata acerca de las instrucciones que David dio a Salomón un poco antes de morir. David enfatizó a su hijo que "cumpliera las ordenanzas del Señor tu Dios, haciendo su voluntad... para que prosperes en todo lo que hagas y dondequiera que vayas" (1 Reyes 2:3)

Salomón fue rey durante una era de paz. Gobernando con diplomacia, reorganizó y desarrolló el reino que su padre había unido. También emprendió un ambicioso programa de construcción, y construyó un elaborado palacio, y el gran Templo de Jerusalén.

La Biblia nos dice que Salomón tenia setecientas esposas. Las alianzas políticas podrían haber sido el motivo de estos matrimonios.

En la lección de hoy se les presentará a sus estudiantes dos versículos, de una colección de poemas sapienciales, en el libro de Proverbios Aunque muchos de estos sabios dichos son atribuidos a Salomón, personas estudiosas creen que el libro es una compilación de y diferentes pensadores. De cierto, Salomón tuvo acceso a la literatura proverbial y tal vez copiló esta colección.

Cuando hable con sus estudiantes sobre la sabiduría y el entendimiento, mire a sus rostros. Los niños y las niñas resplandecen con una sabiduría y entendimiento que perdemos al crecer. Permita que sus fresca perspectiva y entendimiento sobre la vida, Dios y la fe; le sirva de inspiración, ¡su sabia/o y comprensiva maestra/o!

Podemos pedir sabiduría y entendimiento a Dios.

Vistazo a la

ZONA	TIEMPO	MATERIALES	ACCESORIOS DE ZONA
Acércate a la ZONA			
Tiempo de llegada	10 minutos	Reproducible 13A, crayones	ninguno
Martillo de sabiduría	5 minutos	ninguno	martillos inflables
Zona Bíblica			
Coronado de buen carácter	5 minutos	ninguno	corona de terciopelo
Séptima escena	5 minutos	Transparencia 3, Biblia, proyector, papel para cartel o de manualidades, cinta adhesiva, crayones o marcadores	ninguno
David: una revista	5 minutos	ninguno	Accesorios de Zona
Sonidos de gozo	5 minutos	Reproducible 13B, crayones o marcadores, tijeras, pegamento líquido	mini-panderos
¡Super David!	5 minutos	páginas 173 y 174, crayones o marcadores, engrapadora, pegamento o cinta adhesiva	dado de hule espuma, uno de cada uno de los Accesorios de Zona
Pide sabiduría	5 minutos	ninguno	collares de esferas
Zona de Vida			
Canta y celebra	5 minutos	tocadiscos de discos compactos	disco compacto
Un dulce refrigerio	5 minutos	Biblia, miel, pan o galletas, servilletas	ninguno
Despide al oso de la Biblia	5 minutos	bolígrafo o marcador	oso con la Biblia

Los Accesorios de Zona® se encuentran en el **Paquete de DIVERinspiración®**.

PRIMARIOS MENORES: LECCIÓN 13

Acércate a la

Escoja una o más actividades para capturar el interés de sus estudiantes.

Materiales:
Reproducible 13A
crayones

Accesorios de Zona®:
ninguno

Tiempo de llegada

Antes de la clase, fotocopie el **Reproducible 13A**, una por estudiante. Salude a cada estudiante por nombre, conforme vayan entrando al salón.

Diga: ¡Hola! Es el sabio/sabia (nombre)!

Pídales que coloreen las coronas y las estrellas de un color diferente.

Pregunte: ¿Qué palabra encontraron? (*sabiduría*). **¿Qué significa la palabra sabiduría?** (*para conocer lo bueno o verdadero, para tomar buenas decisiones y tener buen juicio*). **¿Qué significa tener entendimiento?** (*para comprender una idea, para saber lo que significa algo*).

Diga: La sabiduría y el entendimiento son excelentes, porque nos ayudan a ser buenas personas y a vivir vidas agradables a Dios. Podemos pedirle a Dios que nos dé sabiduría y entendimiento.

Materiales:
ninguno

Accesorios de Zona®:
martillos inflables

Martillo de sabiduría

Infle los **martillos** antes de la clase.

Levante uno de los martillos.

Diga: Estos son los martillos de sabiduría. Cuando les golpee suavemente con este martillo en la cabeza, ustedes se harán muy sabios.

Pida a sus estudiantes que se acomoden por parejas. Explique que tomarán turnos para golpearse muy suavemente unos a otros con los martillos de sabiduría. Cuando los golpeen tienen que decir algo muy sabio. Este detalle de sabiduría puede ser algo que hayan aprendido en la escuela, en la escuela dominical, la casa o en algún otro lugar. Por ejemplo: Las ballenas no son peces sino animales mamíferos; nunca vayas en el carro sin usar tu cinturón de seguridad; Moisés dirigió a los hebreos a la tierra prometida; quedarse dentro de la casa durante una tormenta eléctrica. Cuando todos hayan terminado, pídales que le digan algunas de las cosas sabias que dijeron.

Diga: Por supuesto que no necesitan Martillos de sabiduría para decir cosas sabias. ¡Su sabiduría viene de sus cerebros! Gracias a sus maravillosos cerebros y la ayuda de Dios y de otras personas, ustedes están creciendo para ser muy sabios.

Zona Bíblica®

Escoja una o más actividades para sumergir a sus estudiantes en la historia bíblica.

Coronado con buen carácter

Materiales:
ninguno

Accesorios de Zona®:
corona de terciopelo

Diga: Soy el rey/reina (*su nombre*), **y una persona que me ayudó a obtener sabiduría y entendimiento fue** (*diga el nombre de alguien que le ha ayudado, alguien como su papá o mamá, un pastor, una maestra, o un buen amigo o amiga*).

Pida a sus estudiantes que tomen turnos para usar la **corona de terciopelo** y digan el nombre de una persona que les haya ayudado a obtener sabiduría y entendimiento.

Diga: En la historia bíblica de hoy, vamos a aprender muchas cosas sobre Salomón, el hijo del rey David, quien fue un rey muy sabio.

Séptima escena

Materiales:
Transparencia 3
Biblia
proyector
cartón o papel para manualidades
cinta adhesiva
crayones o marcadores

Accesorios de Zona®:
ninguno

Antes de la clase, amplíe la **Transparencia 3** en el papel para cartel o de manualidades, o haga una fotocopia de la transparencia para cada estudiante.

Diga: Las obras de teatro, las películas, y los programas de televisión con frecuencia usan escenarios para ambientar la escena. Un escenario puede ser como el interior de un restaurante, un paisaje montañoso con árboles y colinas, o la entrada de una casa. Algunas veces un escenario puede ser muy "loco" y creativo, y parecer un gran cartel o tener muchas fotografías. Vamos a colorear un cartel/fotos divertidas que traen a nuestro gran rey David dibujado como un personaje de caricatura. Este será el escenario para siete representaciones que vamos a hacer.

Pídales que coloreen la transparencia ampliada o las fotocopias individuales. Pegue el cartel o las fotos terminadas al muro porque serán el escenario para las representaciones.

Diga: En las representaciones de hoy vamos a recordar todas las historias que hemos aprendido sobre David, y se presentará a un nuevo personaje. Esta nueva persona es el hijo de David, el rey Salomón. Vamos a escuchar la parte final de la historia de David.

Lea 1 Reyes 2:1-4.

Diga: David creía que lo más importante que debía hacer Salomón como rey, era seguir las leyes de Dios y pedir a Dios sabiduría y entendimiento. Nosotros también vamos a pedir a Dios sabiduría y entendimiento todos los días

Historia de la  Bíblica

David: una revista

Por Lisa Flinn y Barbara Younger

Este drama será una revista, con representaciones, danzas y comedia. Los Accesorios de Zona los objetos de utilería. Pida a sus estudiantes que actúen las partes mientras usted lee el texto. Para el coro, pídales que canten estas líneas con la tonada de "Porque es un buen compañero"
David es un super-héroe,
David es un super-héroe,
David es un super-héroe,
¡Y nadie lo puede negar!

PRIMER ACTO
Personajes: Dios, Samuel, los hijos de Isaí (varios estudiantes) y David.
*Escenario/utilería: Dios usa **collares esferas;** Samuel señala a cada hijo que se adelante; la **corona de terciopelo** debe estar cerca.*
Canta el coro.
Dios: Samuel, he decidido que Saúl ya no debe ser rey. Ve a ver a Isaí en Belén. Quiero que uno de sus hijos sea el rey.
Samuel: Bueno Señor, ¡tú eres el jefe!
Dios: Llama a cada uno de estos hijos bien parecidos para que pasen delante de ti.
Samuel: Muy bien. Hijos de Isaí, pasen delante de mi lentamente. (*Samuel señala siete veces según los hijos de Isaí pasan delante de él*). ¡No hay nadie más!
Dios: ¡Haz que envíen por el hijo más joven!
Samuel: Pero Señor, ¡solamente es un muchacho!
Dios: ¡Ese es el que quiero! Un pastor con un buen corazón.
Samuel: David, ¡tú eres el escogido! (*ponga la corona a David*).

SEGUNDO ACTO
Personajes: Oficiales (varios estudiantes), el rey Saúl, David.
Escenario/utilería: Saúl usa la corona, se sienta con la cabeza entre sus manos; los oficiales caminan alrededor de él.
Canta el coro.
Rey Saúl: ¡Déjenme sólo!
Oficiales: Estamos cansados de tu mal humor. Sabemos cómo te podemos ayudar.
Rey Saúl: Grrrrrrr.
Oficiales: Un **músico** que toca el arpa tal vez te haga sentir mejor. David, ven aquí y toca para el rey gruñón. (*David se para enfrente de Saúl, toca la **pizarra de director** como si fuera un arpa y tararea una melodía*).
Rey Saúl: ¡Oye! ¡Me siento mucho mejor!

TERCER ACTO
Personajes: David, Rey Saúl y Goliat.
Escenario/utilería: El rey Saúl usa la corona y se pasea; Goliat solamente está parado pero actúa de manera amenazante; David corre hacia Saúl, después hacia Goliat, y lleva un mini-pandero como si fuera una honda.
Canta el coro.

Permiso de fotocopiado otorgado para el uso de la iglesia local. © 2008 Abingdon Press.

Goliat: ¡Israelitas! ¿Hay alguien lo suficientemente loco para luchar contra mi?
Rey Saúl: ¡Oh no! Ese hombre es un gigante. Todos los días viene y nos asusta.
David: Señor mi rey, yo puedo pelear contra él.
Rey Saúl: Pero solamente eres un muchacho.
David: En serio que puedo derrotar a ese hombre.
Goliat: ¡Muchacho, esto no es una broma!
David: Yo vengo en el nombre del Señor, quien es mucho más poderoso que tú.
Goliat: ¡Oh no! ¡Me mató!
Rey Saúl: ¡Bravo! David mató al gigante.

CUARTO ACTO
Personajes: David, Jonatán, rey Saúl.
*Escenario/utilería: David se para a un lado del salón, Saúl en el otro; Jonatán camina entre David y Saúl; Saúl usa la corona, y tiene el **martillo inflable.***
Canta el coro.
David: Creo que tu papá quiere matarme.
Jonatán: Voy a investigar. Oye papá, ¿por qué todo el tiempo tratas tan mal a mi mejor amigo David?
Rey Saúl: Tú quieres más a David que a mi (*le tira el martillo a Jonatán*)
Jonatán: ¡Corre por tu vida David! Si mi padre trató de matarme a mi, quiere decir que te quiere matar a ti.

QUINTO ACTO
Personajes: David, tribus (varios estudiantes), enemigos (varios estudiantes).
*Escenario/utilería: Las tribus se paran en un lado del salón. Llevan los martillos y dan la corona a David; David se la pone, y dirige a las tribus al otro lado del salón; los enemigos hacen sonar sus **mini-panderos.***
Canta el coro.

Tribus: David, tú has sido nuestro líder por mucho tiempo, y creemos que eres magnífico.
David: Vengan, vamos a sacar a esos enemigos de Jerusalén (*camina hacia el enemigo*).
Enemigo: ¡Ustedes los israelitas son unos debiluchos! ¡Ja, ja, ja!
David: Vamos a meternos a través del canal de agua.
Enemigo: ¡Oh no! ¡Ya se entraron! ¡Auxilio!
David: ¡Ganamos! ¡La ciudad es nuestra!
Tribus: ¡Ganamos! ¡Ganamos!

SEXTO ACTO
Personajes: David, tribus (varios estudiantes).
Escenario/utilería: David danza alrededor del salón. Las tribus lo siguen haciendo sonar sus mini-panderos.
Canta el coro.
David: ¡Dios es poderoso! Conquistamos Jerusalén, unimos al reino y trajimos el cofre sagrado. ¡Es tiempo de celebrar!
Tribus: ¡Gloria a Dios! ¡Gloria a Dios!
David: ¡Silencio! Necesito orar. Gracias Dios, por convertir a un pastorcito en un rey. Hiciste todo lo que prometiste hacer. Por favor ayuda a mis descendientes como me has ayudado a mi. Amén.

SÉPTIMO ACTO
Personajes: David, Salomón
Escenario/utilería: David está acostado en el piso; Salomón sostiene la corona mientras David habla, después se la pone.
Canta el coro.
David: Salomón, estoy por entregar los tenis.
Salomón: ¿Quieres decir que te vas a morir?
David: Sí. Si quieres ser rey, confía en Dios, obedece sus mandamientos y ama a Dios con todo tu corazón y alma.
Canta el coro.

Escoja una o más actividades para sumergir a sus estudiantes en la historia bíblica.

Materiales:
Reproducible 13B
crayones o
 marcadores
tijeras
cinta adhesiva
pegamento líquido

Accesorios de Zona®:
mini-panderos

Sonidos de gozo

Antes de la clase, fotocopie el **Reproducible 13B**. Recorte las cubiertas por separado (va a necesitar dos cubiertas para cada estudiante). Lea el versículo bíblico a sus estudiantes.

Diga: Para ayudarles a recordar el consejo que el rey David le dio a Salomón, vamos a hacer decoraciones del versículo bíblico para nuestros mini-panderos. Así, cuando jueguen con ellos, ustedes van a recordar que siguiendo los mandamientos y enseñanzas de Dios es la mejor manera de ser felices. (*Pida a sus estudiantes que coloreen y recorten los círculos, luego que los peguen a cada lado de los panderos. Sus estudiantes se llevarán los panderos a su hogar después de la actividad final*).

Materiales:
páginas 173 y 174
crayones o
 marcadores
engrapadora
pegamento o cinta
 adhesiva

Accesorios de Zona®:
ninguno

¡Super David!

Antes de la clase, fotocopie las páginas del libro de caricaturas (páginas 173 y 174).

Reparta las páginas. Revise cada panel con sus estudiantes recordando los eventos en la vida de David. Permítales decorar su libro de caricaturas.

Instrúyales a que recorten los paneles. Entregue a cada uno papel en blanco. Muestre a sus estudiantes cómo cortar la página a la mitad para que puedan tener dos hojas de papel de 8½ por 5½. Entonces podrán juntar las hojas y doblarlas a la mitad, luego deberán engrapar las hojas por el centro para formar un libro en blanco. Pídales que peguen la cubiertas al frente. Enséñeles cómo abrir el libro en la primera página y a pegar el panel número 2. Siga con el resto de los paneles 3 al 7. Si quiere, pegue el panel en blanco a la parte de atrás.

Materiales:
ninguno

Accesorios de Zona®:
collares de esferas

Pide sabiduría

Diga: Es importante que al orar, pidamos a Dios sabiduría y entendimiento. También podemos buscar el consejo de papá o mamá, nuestros maestros, y amigos. Nuestra sabiduría y entendimiento aumentará según crecemos, ¡especialmente si lo pedimos!

Entregue a cada estudiante un **collar de esferas**. Luego deberán formar parejas. Explique que cada persona en la pareja preguntará a la otra por un pequeño consejo o sabiduría, luego presenten a esa persona con la "Bola de la Sabiduría" para que las usen en la casa.

Diga: Que estas hermosas Bolas de Sabiduría les recuerden que es maravilloso crecer en sabiduría y entendimiento. ¡Vayan pidiendo a Dios y a las personas en quienes ustedes confían que les ayuden!

 de Vida

Escoja una o más actividades para que la Biblia cobre significado en la vida diaria.

Canta y celebra

Enseñe a sus estudiantes "Hazme entender" (**disco compacto, pista 14**).

Después diríjales para cantar el cántico con movimientos:

Hazme entender

Hazme entender
(Extienda sus manos sobre su cabeza y luego colóquelas sobre su cabeza)
y distinguir el bien del mal.
(Agite su dedo índice)
Dame principios
(Extienda sus manos hacia el frente, después crúcelas sobre el pecho).
que fuerzas den
(Flexione su brazo para mostrar su músculo)
Quiero servirte por siempre Dios.
(Sostenga sus manos hacia el frente, con los codos doblados y las palmas hacia arriba).

LETRA: Delvon B. Goodman trad. por Julito Vargas
MÚSICA: Delvon B. Goodman
© 2003; trad. ã 2008 Cokesbury, admin. por The Copyright Co., Nashville, TN 37212

Materiales:
tocadiscos de discos compactos

Accesorios de Zona®:
disco compacto

PRIMARIOS MENORES: LECCIÓN 13

 de Vida

Escoja una o más actividades para que la Biblia cobre significado en la vida diaria.

Materiales:
Biblia
miel
pan o galletas
servilletas

Accesorios de Zona®:
ninguno

Un dulce refrigerio

Diga: El libro de Proverbios contiene muchos de los dichos sabios del rey Salomón. Este es uno de ellos (*lea Proverbios 16:24*)

Reparta pan o galletas. Después pase la miel, y diga a sus estudiantes que pongan un poco de miel sobre el pan o las galletas. Después de que prueben la miel, pida que cada uno diga alguna palabra amable al grupo.

Diga: El rey Salomón sabía que las palabras amables son dulces, ¡igual que la miel! El libro de Proverbios tiene muchas buenas ideas para vivir la vida con sabiduría y entendimiento.

Materiales:
papel
bolígrafo

Accesorios de Zona®:
oso con la Biblia

Despide al oso de la Biblia

Escriba o mecanografíe estas palabras en un trozo de papel que se pueda doblar varias veces para introducirlo entre las páginas de la Biblia del **oso de la Biblia**: "Hijo mío, guarda en tu mente mis mandamientos" (Proverbios 2:1).

Diga: Hoy, el oso de la Biblia está orgulloso porque tiene un proverbio que quiere compartir con ustedes.

Pase al osito de la Biblia a sus estudiantes. Pida a sus estudiantes que desdoblen el papel y lean el versículo para sí mismos. Indique a sus estudiantes, especialmente a aquellos con problemas para leer, que usted leerá el versículo en voz alta dentro de un momento. Cuando todos hayan tenido su turno, lea el versículo. Después pídales que lo repitan junto a usted.

Pregunte: ¿Cómo guardamos las enseñanzas de la Biblia? (*leyendo y hablando sobre la Biblia, viniendo a la Escuela Dominical y la iglesia, memorizando los versículos bíblicos, usando las enseñanzas de la Biblia como guía en nuestra vida*). **La Biblia es uno de los medios más importantes que Dios usa para darnos sabiduría y entendimiento. También obtenemos sabiduría y entendimiento al orar a Dios.**

Pida a sus estudiantes que cierren los ojos y pongan sus manos en actitud de oración.

Ore: Amado Dios, ayúdanos a obtener más sabiduría y entendimiento cada día. Amén.

Puesto que ésta es la última lección de Zona Bíblica de "En la ciudad de David", tal vez usted quiera invitar a sus estudiantes a decir un adiós oficial al osito de la Biblia con un abrazo, un apretón de garra o un beso.

Haga una copia de Zona Casera® para cada estudiante en su clase.

Casera para padres

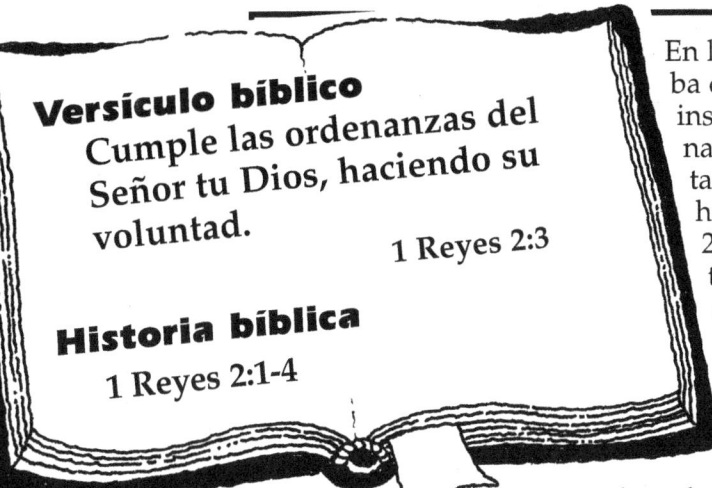

Versículo bíblico
Cumple las ordenanzas del Señor tu Dios, haciendo su voluntad.
1 Reyes 2:3

Historia bíblica
1 Reyes 2:1-4

En la historia final de esta unidad, David estaba cerca del final de su vida, dio las siguientes instrucciones a Salomón: "cumple las ordenanzas del Señor tu Dios, haciendo su voluntad... para que prosperes en todo lo que hagas y dondequiera que vayas" (1 Reyes 2:3). Salomón, el hijo de David y Betsabé, tuvo mucho éxito, y durante su vida fue conocido como un gobernante sabio.

Pasar pequeñas perlas de sabiduría es uno de los grandes honores de la paternidad. ¡Pero cómo hacemos que nos escuchen! Para evitar que sus hijos o hijas se cubran los oídos, evite usar tonos de que los está "sermoneando" y respuestas como "te lo dije". Esta semana cambie los papeles y pida que sus hijos o hijas le den consejo. ¡Se sorprenderá de la sabiduría y entendimiento que puede salir de la boca de sus pequeños!

Sabía y maravillosa oración

Tenga un diálogo en la mesa del comedor sobre el mejor consejo o perlas de sabiduría que los miembros de la familia hayan escuchado. Cierre esos momentos con esta oración.

"Amado Dios, hay muchas cosas en nuestro maravillosos mundo que tenemos que entender. Danos la sabiduría y entendimiento que necesitamos para nuestra vida como parte de tu pueblo. Guíanos a través de tu Sagrada Palabra. Amén".

Sabios pensamientos

Estas son algunas citas bien conocidas sobre la sabiduría para que dialogue con sus hijos o hijas:

- "Terminar el momento, llegar al final de la jornada en cada paso del camino, vivir el mayor número de buenas horas, eso es sabiduría" (Ralph Waldo Emerson).

- "Temprano ir a la cama, temprano levantarse, hacen al hombre saludable, rico y sabio" (Benjamín Franklin).

- "Todas las cosas brillantes y hermosas, todas las criaturas pequeñas y grandes, todas las cosas sabias y maravillosas: Dios el Señor las ha hecho todas" (Cecil Frances Alexander).

Podemos pedir sabiduría y entendimiento a Dios.

Permiso de fotocopiado otorgado para el uso de la iglesia local. © 2008 Abingdon Press.

PRIMARIOS MENORES: LECCIÓN 13

Sabiduría

Colorea todas las coronas de un color y todas las estrellas de un color diferente.

Reproducible 13A

Zona Bíblica®

Permiso de fotocopiado otorgado para el uso de la iglesia local. © 2008 Abingdon Press.

Cubiertas para las matracas

 de juegos

Haciendo grandes cosas

Antes de la clase, infle el martillo. Pida a sus estudiantes que para jugar este juego se sienten formando un círculo.

Diga: Con la ayuda de Dios, la gente puede hacer grandes cosas. Estas personas pueden ser familiares y vecinos, personas famosas o personajes bíblicos de hace muchos años atrás.

Explique que hará circular el martillo alrededor del grupo. Usted dirá una categoría, entonces el estudiante que tenga el martillo en ese momento mencionará a una persona que hace "grandes cosas" en esa categoría. Si no pueden dar un ejemplo, el o la estudiante puede pasar dando el martillo al siguiente estudiante. Estas son algunas categorías y unos cuantos ejemplos de cada una:

Familia: Una mamá que tiene un soldado valiente en la guerra; un papá que ganó un concurso en la feria.

Vecinos: Un vecino que visita a todos sus otros vecinos para ver que se encuentran bien, un vecino a quien nombraron director de su escuela.

Amigos: Un amigo que encontró a tu mascota; un amigo que aprendió a caminar otra vez después de un accidente.

Persona famosa: Mia Hamm, a quien se le conocen mundialmente como jugadora de fútbol; Jimmy Carter, quien ganó el premio Nóbel de la Paz.

Personaje bíblico: David quien fue uno de los grandes reyes de Israel; María quién era la mamá de Jesús.

Congelamiento amistoso

Diga: Somos amigos y somos leales los unos a los otros, ¡pero eso no significa que no podamos tener una pequeña competencia amistosa!

Explique que el grupo jugará al juego del congelamiento. Todos se mueven y caminan alrededor del salón. La persona que es ESO caminará alrededor tratando de tocar a alguien. Justo antes de que le toquen, los jugadores deben gritar la descripción de uno de sus amigos (alto, jugador de fútbol, gracioso). Si no lo hacen, deben congelarse en ese lugar. Escoja a un nuevo ESO después de que algunos jugadores han sido congelados en su lugar y comience el juego otra vez.

ZONA de juegos

Tira un problema

Reúna a sus estudiantes formando un círculo. Dé a cada estudiante un **dado de hule espuma**. Explique que el grupo trabajará sobre un problema con cada tirada de dado. Los puntos representan las diferentes acciones para abordar el problema:

Un punto: Reconozcan el problema diciendo: "Tengo un problema".

Dos puntos: Unan sus manos en actitud de oración.

Tres puntos: Mencione el nombre de un amigo con el que puedan hablar.

Cuatro puntos: Mencione el nombre de un adulto con el que puedan platicar.

Cinco puntos: Pensar en una solución.

Seis puntos: Decir los pasos que deben tomar para resolver el problema.

Use la lista que sigue cuando cada estudiante tome su turno. Lea el problema y pida al estudiante que tire el dado. Pida al estudiante que diga la respuesta que va con ese número de puntos. Si salen cinco o seis puntos, otros estudiantes pueden ayudar con una lluvia de ideas.

Problemas:
1. Un amigo se está mudando a otro lugar.
2. Quieres aprender a montar en la patineta.
3. Tu mamá está triste.
4. Quieres una nueva bicicleta.
5. Quieres dejar de comerte las uñas
6. Un niño más grande te está quitando tu dinero para el almuerzo.
7. Leer es muy difícil para ti.
8. Tuviste una pelea con tu mejor amigo o amiga.
9. Tu perro no te obedece.
10. Perdiste tu tarea.
11. Sientes que tu grupo de amigos te dejó fuera.
12. Accidentalmente rompiste el avión modelo favorito de tu papá.

Si el tiempo lo permite, juegue nuevamente, sus acciones pueden ser diferentes cada vez.

Diga: Puesto que todos los días enfrentamos problemas, cada día tenemos que tratar de resolverlos. Algunos problemas son pequeños, mientras que otros son grandes. Si sientes que necesitas ayuda con un problema, llévalo a Dios en oración y habla con personas que te pueden ayudar.

 de arte

¡Regalos!

Diga: La tradición dice que demos regalos en la Navidad, al igual que los sabios de oriente (o reyes magos) le llevaron regalos al niñito Jesús. ¿Qué le trajeron los sabios de oriente? (oro, incienso y mirra). **El oro es un metal precioso; el incienso da un aroma muy bonito; y la mirra es usada en perfumes. Hoy vamos a decorar bolsas para que ustedes puedan dar regalos: ¡pelotas con caritas sonrientes! No son tan elegantes como el oro, el incienso y la mirra, pero son muy divertidas.**

Necesitará: bolsas pequeñas de papel, etiquetas engomadas y/o tarjetas de Navidad, pegamento, tijeras, crayones y engrapadora.

Para decorarlas, se pueden recortar las tarjetas de Navidad viejas y pegarlas en las bolsas, o se pueden decorar con etiquetas engomadas o crayones. Mientras sus estudiantes decoran una o varias bolsas para regalo, pida que piensen sobre la persona a quien llevarán regalos. Una vez decoradas, pueden colocar dentro una o dos pelotas, doblar el borde y engraparla.

Diga: Espero que disfruten hacer sus presentes. ¡Dar regalos es divertido! Ayuda a la gente a entender que les queremos, al igual que los regalos de los sabios de oriente mostraron cómo sentían amor por Jesús.

Collares de joyería

Antes de la clase, haga varias fotocopias de las figuras para el collar (página 172) en papel de construcción o un papel más grueso. Recorte los dibujos. Corte pedazos de hilo de tejer de doce pulgadas de largo.

Muestre las ilustraciones a sus estudiantes. Pida que escojan una o dos y las recorten. Ayúdeles a usar la perforadora para hacer un orificio en la parte de arriba de cada una. Pídales que pasen el hilo de tejer por el orificio de las ilustraciones para hacer un collar.

Ayude a cada estudiante a atar un nudo en el hilo. Sus estudiantes podrán decorar los collares con marcadores, crayones, lentejuelas o joyas de fantasía.

ZONA de arte

Bastón de pastor

Necesitará: tarjetas de índice de 3 x 5 pulgadas, hilo de tejer (estambre), tijeras y engrapadora.

Antes de la clase, haga un bastón de pastor que sirva de ejemplo para mostrarlo a sus estudiantes. Recorte la forma de un bastón (igual que un bastón de dulce) de una tarjeta de índice. Engrape la punta de un pedazo de tres yardas de hilo de tejer en la esquina del extremo inferior del bastón; después enrolle el hilo alrededor del bastón y asegúrelo con una grapa en el extremo superior. Recorte los bastones e hilo para sus estudiantes. Cualquier color de hilo es bueno, pero el de muchos colores le da al bastón una apariencia festiva. Dé a cada estudiante un bastón de papel. Y distribuya los otros materiales.

Diga: Este es un bastón de pastor. Los pastores llevaban bastones con una punta curva con la que podían agarrar a las ovejas y ponerlas a salvo. Hoy ustedes van a hacer un bastón de pastor peludito en honor de los pastores de Navidad.

Muestre a sus estudiantes cómo engrapar el hilo de tejer y enrollarlo alrededor del bastón, luego asegúrelo con otra grapa. Sugiera que usen el bastón como una decoración para un paquete o para colgarlo en el árbol de Navidad.

Enviar saludos muy, muy lejos

Necesitará: papel, crayones, bolígrafo, y una sobre grande (opcional: etiquetas engomadas).

Antes de la clase, obtenga direcciones a donde pueda enviar saludos de Año Nuevo a otros niños y niñas en otro país. Su iglesia puede estar apoyando una misión que recibirá con gusto las cartas para sus niños y niña en esa región. O tal vez los miembros de su congregación pueden proveer el nombre de una iglesia o agencia donde se pueden enviar los saludos. Ponga la dirección en el sobre antes de la clase y escriba una carta breve explicando un poco sobre su clase y su iglesia.

Diga: Los sabios de oriente vinieron de muy lejos para visitar al niñito Jesús. Ahora nosotros vamos a enviar saludos muy, muy lejos para decir: "Feliz Año Nuevo" a otros niños y niñas en otro país.

Levante el sobre y pida a uno de sus estudiantes que lea la dirección. De alguna información sobre los niños y las niñas a quiénes se les envían sus saludos. Lea la carta de presentación. Pida a sus estudiantes que coloreen dibujos festivos, escriban "!Feliz Año Nuevo!" y que pongan sus nombres. Deje que sus estudiantes pongan las fotos o dibujos, la carta de presentación y las etiquetas engomadas en el sobre y ciérrelo. Ponga en el correo los saludos tan pronto como le sea posible. ¡Tal vez su clase reciba una nota de gracias!

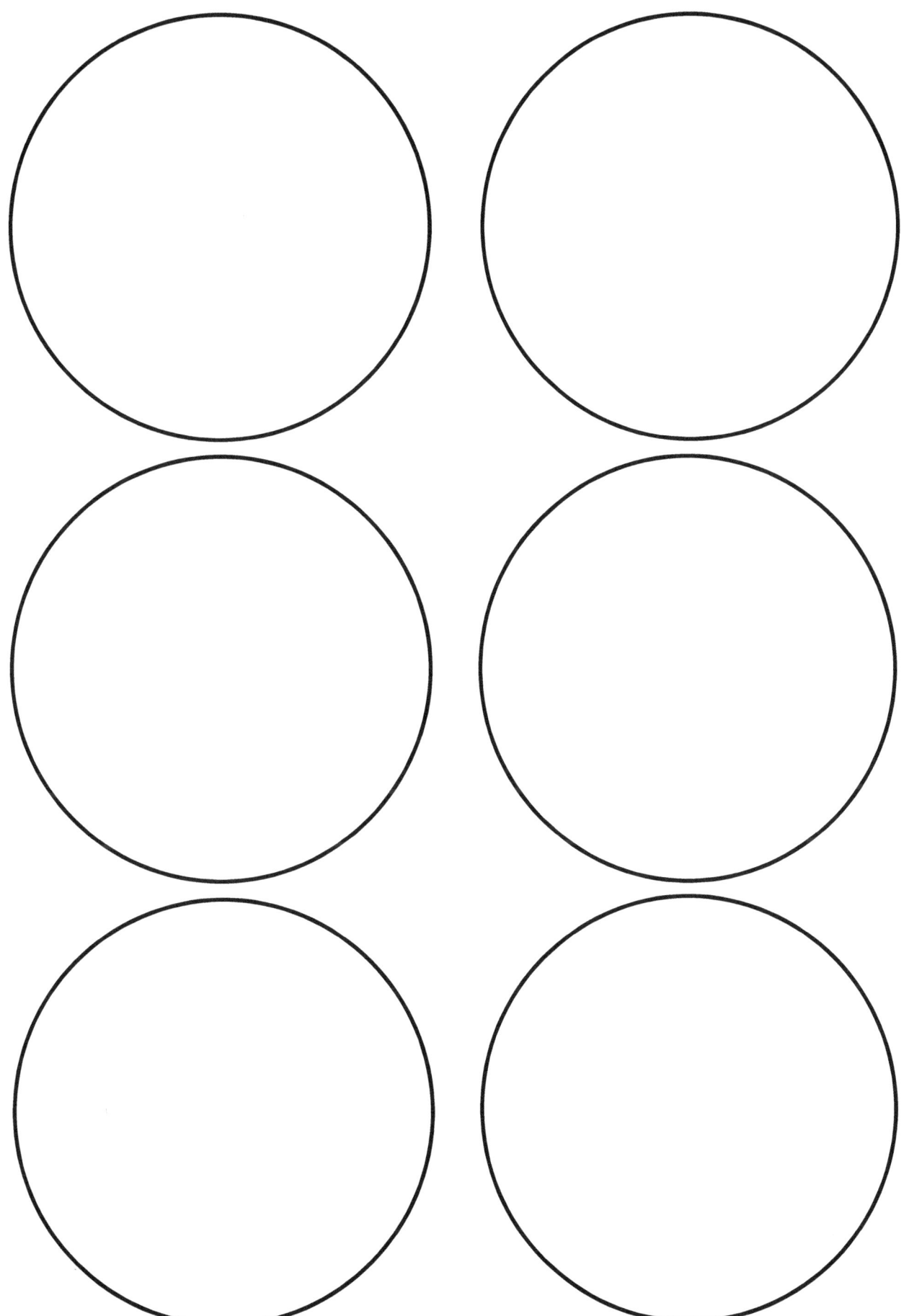

Comentarios de usuarios

Use la siguiente escala para calificar los recursos de Zona Bíblica®.
Si no usó alguna sección, escriba "no la usé" en el espacio para comentarios.

**1 = En ninguna lección   2 = En algunas lecciones   3 = En la mayoría de las lecciones
4 = En todas las lecciones**

1. *Entra a la Zona* proveyó información que me ayudó a enseñar la Escritura en la lección.

   1   2   3   4   Comentarios:

2. La tabla *Vistazo a la Zona* hizo fácil la planeación de la lección.

   1   2   3   4   Comentarios:

3. El plan de enseñanza fue organizado de manera que lo hizo fácil de usar.

   1   2   3   4   Comentarios:

4. La Guía del maestro proveyó instrucciones fáciles de seguir para las actividades de aprendizaje.

   1   2   3   4   Comentarios:

5. Pude encontrar fácilmente en mi casa o iglesia los materiales necesarios para hacer las actividades.

   1   2   3   4   Comentarios:

6. Mis estudiantes fueron capaces de entender las lecciones de *En la Zona®*.

   1   2   3   4   Comentarios:

7. Las actividades eran adecuadas para el nivel de aprendizaje y habilidades de mis estudiantes.

   1   2   3   4   Comentarios:

8. El número de actividades del plan de la lección funcionó bien para el tiempo que tenía disponible (indique cuanto tiempo) _____.

   1   2   3   4   Comentarios:

9. Usé las actividades de la sección Zona de Juego® de la Guía del maestro.

   1   2   3   4   Comentarios:

10. Usé las actividades de la sección Zona de Arte® de la Guía del maestro.

    1   2   3   4   Comentarios:

11. Usé el disco compacto en mi salón.

    1   2   3   4   Comentarios:

12. Usé los objetos del Paquete de DIVERinspiración® de la Zona Bíblica®.

    1   2   3   4   Comentarios:

13. Envié a casa la hoja Zona Casera® para los padres.

    1   2   3   4   Comentarios:

14. Me gustaría ver las siguientes historias en Zona Bíblica®:

PRIMARIOS MENORES

COMENTARIOS ADICIONALES

TÍTULO DE LA UNIDAD: EN LA CIUDAD DE DAVID

Actividades que mis estudiantes disfrutaron más:

Actividades que mis estudiantes disfrutaron menos:

Usé Zona Bíblica® para_____Escuela dominical _____Segunda hora de escuela dominical _____Iglesia de niños

_____Miércoles por la noche _____Domingos en la noche _____Compañerismo infantil _____Otro

ACERCA DE MI CLASE

Número de estudiantes y edades en mi grupo

_____6 años _____7 años _____8 años

_____otra edad (especifique) _____

Número promedio de estudiantes que asistían a mi clase cada semana:_____

Enseñé: _____solo(a) _____con otro maestro(a) cada semana

_____tomando turnos con otros maestros _____con un ayudante adulto

ACERCA DE MI IGLESIA

_____Rural _____Pueblo pequeño _____Central _____Suburbana

_____Menos de 200 miembros _____200–700 miembros _____Más de 700 miembros

Nombre y dirección de la iglesia: _____

Mi nombre y dirección: _____

Por favor mande este formulario a:
Amy Smith
Departamento de Investigación
201 8th Ave., So.
P.O. Box 801
Nashville, TN 37202-0801

CRÉDITOS DEL DISCO COMPACTO

#1 – Estos astros
LETRA: Richard K. Avery y Donald S. Marsh; trad. por Julito Vargas
MÚSICA: Richard K. Avery y Donald S. Marsh
© 1979; trad. 2008 Hope Publishing Co., Carol Stream, IL 60188
Todos los derechos reservados. Usado con permiso. Para permiso para reproducir este himno, ponerse en contacto con Hope Publishing Co. llamando al 1-800-323-1049 o www.hopepublishing.com

#2 – Ve, di en la montaña
LETRA: Himno folklórico americano; adapt. por John W. Work; trad. por Anita González
MÚSICA: GO TELL IT ON THE MOUNTAIN; arm. por John W. Work
Trad. © 2008 Abingdon Press, admin. por The Copyright Co., Nashville, TN 37212

#3 – Di, María
LETRA: Richard K. Avery y Donald S. Marsh; trad. por Julito Vargas
MÚSICA: Richard K. Avery y Donald S. Marsh
© 1967-76; trad. © 2008 por Richard K. Avery y Donald S. Marsh en The Averyt-Marsh Songbook. Usado con permiso. Proclamation Productions, Inc. Port Jervis, NY 12771

#4 – Gente en tinieblas
LETRA: Dosia Carlson; trad. por Julito Vargas
MÚSICA: Dosia Carlson
© 1983; trad. © 2008 Dosia Carlson. Usada con permiso

#5 – Noel africano
LETRA: Canción folklórica de Liberia; trad. por Julito Vargas
MÚSICA: Canción folklórica de Liberia
Trad. © 2008 Abingdon Press, admin. por The Copyright Co., Nashville, TN 37212

#6 – La virgen María tuvo un niño
LETRA: Villancico de las Indias Occidentales; trad. por Julito Vargas
MÚSICA: Villancico de las Indias Occidentales
© 1945; trad. © 2008 Boosey & Co. Ltd., admin. por Boosey and Hawkes, Inc.

#7 – Presentes de los animales
LETRA: Villancico francés del siglo XII; trad. por Julito Vargas
MÚSICA: Melodía medieval francesa
Trad. © 2008 Abingdon Press, admin. por The Copyright Co., Nashville, TN 37212

#8 – Ha nacido el niño Dios
LETRA: Villancico tradicional de Francia, siglo XIX; trad. de J. Alonso Lockward
MÚSICA: Villancico tradicional de Francia, siglo XVIII; arm. de Carlton R. Young
Trad. © 1996 Abingdon Press; arm. © 1989 The United Methodist Publishing House, admin. por The Copyright Company, Nashville, TN 37212

#9 – Fuerte, audaz debes ser
LETRA: Morris Chapman; trad. por Julito Vargas
MÚSICA: Morris Chapman
© 1984; trad. © 2008 Word Music Inc. (ASCAP), 65 Music Square West, Nashville, TN 37203
Todos los derechos reservados. Derechos internacionales asegurados. Usado con permiso

#10 – El Señor mi pastor es
LETRA: Salmo 23; trad. por Marta L. Sanfiel
MÚSICA: Tradicional
Trad. © 1996 Cokesbury, admin. por The Copyright Company, Nashville, TN 37212

#11 – Aplaudid
LETRA: Handt Hanson y Paul Murakami; trad. Julito Vargas
MÚSICA: Handt Hanson y Paul Murakami
© 1991; trad. © 2008 Changing Church Forum

#12 – Todos alaben
LETRA: J. Jefferson Cleveland; trad. por Diana Beach
MUSICA: J. Jefferson Cleveland
© 1981; trad. © 2008 J. Jefferson Cleveland

#13 – Vengan con gratitud a Dios
LETRA: Salmo 100:4-5a (adaptado); trad. por Jorge A. Lockward
MÚSICA: Phillip R. Dietterich
© 1964 Graded Press; trad. © 1996 Cokesbury, admin. por The Copyright Company, Nashville, TN 37212

#14 – Hazme entender
LETRA: Delvon B. Goodman trad. por Julito Vargas
MÚSICA: Delvon B. Goodman
© 2003; trad. © 2008 Cokesbury, admin. por The Copyright Co., Nashville, TN 37212

www.ingramcontent.com/pod-product-compliance
Lightning Source LLC
Chambersburg PA
CBHW081920170426
43200CB00014B/2776